Frank Lauenburg

Unterrichtsmaterial „Geteilte Ansichten“

9 Projektideen zur Deutschen Teilung und Wiedervereinigung

PERSEN

Der Autor

Frank Lauenburg unterrichtet an einem Gymnasium in Nordrhein-Westfalen und veröffentlicht in den Bereichen Geschichte und Sozialwissenschaften, darunter diverse Unterrichtsmaterialien und didaktische Ratgeber.

Gedruckt auf umweltbewusst gefertigtem, chlorfrei gebleichtem und alterungsbeständigem Papier.

1. Auflage 2018

Satz: Typographie & Computer, Krefeld

ISBN: 978-3-403-20423-7

www.persen.de

INHALT

EINLEITUNG

Liebe Kollegen,

das hier vorliegende Unterrichtsmaterial basiert auf den Interviews und Informationen aus dem Jugendbuch „Geteilte Ansichten – Jugendliche stellen Fragen zur Deutschen Einheit“, welches in Zusammenarbeit mit der „Bundesstiftung Aufarbeitung der SED-Diktatur“ in der 1. Auflage 2015 durch Julia Balogh und Birgit Murke im Ueberreuter Verlag herausgegeben wurde. Hierfür führten Schülerinnen und Schüler der „Literatur-Initiative Berlin“ (LIN) im Alter zwischen elf und 18 Jahren knapp 25 Zeitzeugenbefragungen über einen Zeitraum von drei Jahren. 17 dieser Gespräche wurden in dem oben erwähnten Jugendbuch veröffentlicht.

Für den Geschichtsunterricht sind diese Interviews deshalb reizvoll, da sie eine Spannbreite unterschiedlicher Perspektiven der Geschichte des geteilten Deutschlands darstellen. So kommen neben Personen, die in der DDR lebten, auch Personen aus der alten Bundesrepublik zu Wort. Die Interviewpartner gehören unterschiedlichen Generationen an, sodass die Wahrnehmung der politischen Entwicklung sehr unterschiedlich ausfällt. Es äußern sich Dissidenten und solche, die mit dem System zurechtkamen, sowie politisch aktive und weniger aktive Zeitzeugen zum Leben in der DDR und in der Bundesrepublik. Die Interviews bieten damit einen multiperspektivischen Blick auf die jüngere deutsche Geschichte, die Lernenden die Vieldeutigkeit historischer Ereignisse vor Augen führen kann.

Das hier vorliegende Unterrichtsmaterial nimmt somit bewusst eine didaktische Perspektive ein und stellt die Interviews in einen neuen – für den Unterricht nutzbareren – Zusammenhang. Kürzungen und Auslassungen sind somit dem Ziel der Erweiterung historischer Kompetenzen geschuldet, stellen jedoch keine inhaltliche Beschneidung oder Veränderung dar. Die Seitenangaben über den Quellen beziehen sich auf den oben erwähnten Band.

Um dem Ansatz der Multiperspektivität zu folgen, war es notwendig, die Aussagen der Interviewpartner zu zerschneiden und thematisch zu sortieren. Daraus wurden hier die neun folgenden Teilbereiche entwickelt:

1. Alltagsleben in der DDR
2. Flucht aus der DDR
3. Bau der Berliner Mauer
4. Fall der Berliner Mauer
5. Leben mit der Staatssicherheit
6. Unterschiede zwischen Ost und West
7. Strafverfolgung und Gefängnisse der DDR
8. Kunst, Kultur und Literatur im geteilten Deutschland
9. Das Ende der DDR – 25 Jahre danach

Die Teilbereiche sind in ihrer Quantität nicht gleichwertig. Dies ergibt sich aus dem unterschiedlichen thematischen Gehalt der Interviews selbst.

Aus dieser Neuzusammensetzung ergibt sich der große Vorteil, dass die Teilbereiche nun unabhängig voneinander stehen. Ihr Unterricht kann sich somit auf einzelne Teilbereiche mithilfe dieser Interviews konzentrieren, kann sich aber auch auf alle Teilbereiche ausweiten und somit einen umfangreicheren Blick auf das Leben im geteilten Deutschland bieten.
Für jedes Teilthema wird ein mögliches Lernarrangement präsentiert, welches die Bearbeitung dieses Teilthemas leiten kann und den Schülern damit die Chance bietet, sich das Teilthema weitgehend selbstständig zu erschließen. Jedem Thema / Lernarrangement sind zudem Arbeitsanregungen zur Seite gestellt, die es den Lernenden ermöglichen, die Inhalte zu strukturieren.

Um die Aussagen der Befragten historisch besser einordnen zu können, finden sich auf den Folgeseiten zuerst Kurzporträts aller Interviewpartner. In manchen Fällen sollten die Schüler hierauf direkt zurückgreifen können, in anderen Fällen bieten sich hierüber gedankliche Erweiterungen.

KURZPORTRÄTS

Rainer Eppelmann, geboren 1943 in Berlin, ist ein deutscher evangelischer Pfarrer, Theologe und Politiker. Er war Initiator der damals bei vielen Jugendlichen beliebten Blues-Messen. Er gehört zu den bekanntesten Persönlichkeiten der DDR Opposition und war ein großer Vorreiter der friedlichen Revolution.

Klaus Kordon, geboren 1943 in Berlin-Pankow, gehört zu den bekanntesten deutschen Kinder- und Jugendbuchautoren. Für sein Werk hat er zahlreiche Preise erhalten, darunter den Jugendliteraturpreis für seinen autobiografisch gefärbten Roman »Krokodil im Nacken«. Darin beschreibt er seine Hafterfahrung im Untersuchungsgefängnis des Ministeriums für Staatssicherheit.

Marianne Birthler, geboren 1948 in Berlin, war von 2000 bis 2011 als Nachfolgerin von Joachim Gauck die Bundesbeauftragte für die Unterlagen des Staatssicherheitsdienstes der ehemaligen DDR. Sie war eine der Akteurinnen der friedlichen Revolution von 1989, später Ministerin in Brandenburg und Vorsitzende der Partei Bündnis 90/Die Grünen.

Günter Jeschonnek, geboren 1950 in Halle/Saale, zog 1957 mit seiner Familie nach Ost-Berlin. Während seines Studiums des Agraringenieurwesens weigerte er sich, an der vormilitärischen Ausbildung teilzunehmen, und musste sein Studium für ein Jahr unterbrechen, um sich in »der Praxis zu bewähren«. 1973 scheiterte ein Fluchtversuch aus der DDR. 1978 begann er mit dem Studium am Institut für Schauspielregie Berlin. Wegen seiner »feindlich-negativen Einstellung« beschloss die Stasi, ihn und seine Familie »aus der Staatsbürgerschaft der DDR zu entlassen«. Trotz Widerstands musste die Familie am 10. Dezember 1987 nach West-Berlin ausreisen. Dort setzte er seine oppositionelle Arbeit gegen das SED-Regime fort.

Katja Lange-Müller, 1951 in Ost-Berlin geboren, ist eine deutsche Schriftstellerin. Sie verließ die DDR 1984, nachdem sie einen Ausreiseantrag gestellt hatte. Für ihr Werk erhielt sie zahlreiche Preise, unter anderem den Ingeborg-Bachmann-Preis (1986) und den Alfred-Döblin-Preis (1995) für ihre zweiteilige Erzählung »Verfrühte Tierliebe«.

Ines Geipel, 1960 in Dresden geboren, war als Leistungssportlerin der DDR Anfang der 1980er-Jahre Mitglied der DDR-Leichtathletik-Nationalmannschaft. 1985 musste sie ihre Sportlerkarriere aus politischen Gründen abbrechen und studierte dann Germanistik in Jena. Im Sommer 1989 floh sie in die Bundesrepublik. Heute ist Ines Geipel Schriftstellerin und Professorin an der Berliner Hochschule für Schauspielkunst »Ernst Busch«.

Olaf Schwarzbach, 1965 in Ost-Berlin geboren, ist ein Cartoonist. Er zeichnet seit 1990 für verschiedene Medien. Im Februar 2015 erschien sein autobiografischer Roman »Forelle Grau«.

Claudia Rusch, 1971 in Stralsund geboren, ist eine deutsche Schriftstellerin. Sie wuchs auf der Insel Rügen, in der Mark Brandenburg und seit 1982 in Berlin auf. Durch die enge Freundschaft ihrer Mutter zu Katja und Robert Havemann kam Rusch als Kind stark mit oppositionellen Kreisen in der DDR in Berührung. Ihr erstes Buch »Meine freie deutsche Jugend« erschien 2003.

Kai Lüftner, geboren 1975 in Ost-Berlin, hat nach seinem Studium der Sozialpädagogik mit Menschen gearbeitet, die Hilfe brauchen. Weil er ein witziger Typ mit vielen Einfällen ist, schrieb er Texte für Comedians wie Cindy aus Marzahn oder Oliver Kalkofe. Seit einigen Jahren arbeitet er als eigenständiger Autor und Komponist für Kinder. Er lebt mit seiner Frau und seinem Sohn in Berlin-Köpenick.

Susan Hoecke, geboren 1981 in Ost-Berlin, ist eine deutsche Schauspielerin. Seit 2002 spielt sie in zahlreichen Kinofilmen und TV-Serien mit. Aktuell steht sie für »Alarm für Cobra 11« und für »Soko Köln« vor der Kamera.

Jochen Schmidt, geboren 1970, in Ost-Berlin, ist Autor, Journalist und Mitbegründer der Berliner Lesebühne »Chaussee der Enthusiasten«. Sein Roman »Schneckenmühle« wurde 2014 in Köln für »Ein Buch für die Stadt« ausgezeichnet.

David Wagner, geboren 1971 in Andernach am Rhein, erhielt für sein Werk zahlreiche Literaturpreise, unter anderem 2013 den Leipziger Buchpreis für sein Buch »Leben«.

David Wagner und Jochen Schmidt veröffentlichten 2014 gemeinsam »Drüben und drüben – zwei deutsche Kindheiten«. Darin erinnern sich die beiden Autoren aus Ost und West an ihre Kindheiten in dem jeweils anderen Deutschland.

Sten Nadolny, geboren 1942 in Zehdenick, erlebte als junger Student das West-Berlin der 1968er-Jahre, er schrieb Anfang der 1980er-Jahre den großen Bestseller »Die Entdeckung der Langsamkeit« und gehört zu den bekanntesten deutschsprachigen Autoren.

Hanna Schygulla, geboren 1943 im schlesischen Kattowitz (Königshütte), ist als Flüchtlingskind und später als Wirtschaftswunderkind in München aufgewachsen. Schon während des Germanistik- und Romanistikstudiums nahm Hanna Schygulla Schauspielunterricht und wurde 1967 von dem Regisseur Rainer Werner Fassbinder an sein Action-Theater geholt. Sie lebt seit 1981 in Paris und seit 2011 auch zeitweise in Berlin.

Andreas Fröhlich und **Oliver Rohrbeck**, beide geboren 1965 in West-Berlin, sind zwei deutsche Schauspieler, Hörspiel-, Synchron- und Hörbuchsprecher. Seit 1979 leihen Rohrbeck und Fröhlich den Detektiven Justus Jonas und Bob Andrews in der Europa-Hörspielserie »Die drei ???« ihre Stimmen.

Pierre Baigorry (aka Peter Fox) wuchs in den 1970er- und 1980er-Jahren in West-Berlin auf und fuhr als Kind mit seinen Eltern regelmäßig nach Ost-Berlin zu Bekannten. Als Seeed-Frontmann Peter Fox singt Pierre Baigorry über sein Leben in Berlin.

Felix Görmann (aka FLIX), geboren 1976 in Münster, ist ein deutscher Cartoonist, Comiczeichner und -autor. FLIX veröffentlicht Comicreihen in Zeitschriften, wie zum Beispiel »Ferdinand« in »Dein Spiegel«. Seine Comicreihe »Da war mal was« erzählt von seiner eigenen und von vielen anderen Erinnerungen an das geteilte Deutschland.

Friederike Kempter, geboren 1979 bei Stuttgart, ist eine deutsche Schauspielerin. Seit 2000 spielt sie in zahlreichen TV-Serien. Sie wirkte von 2008 bis 2012 im Ensemble von Anke Engelkes Ladykracher mit. Für die Nebenrolle der neurotischen Ausdruckstänzerin Julika in Jan-Ole Gersters Berliner Tragikomödie »Oh Boy« (2012) wurde sie für den Deutschen Filmpreis nominiert.

THEMA: ALLTAGSLEBEN IN DER DDR

Lernarrangement:

Visualisiert ein fiktives Podiumsgespräch zwischen den Zeitzeugen.

1. Schritt: Vorbereitung
   - Teilt die Materialien unter euch/in eurer Klasse entsprechend auf – lasst euch hierbei ggf. von eurem Lehrer helfen.
2. Schritt: Thema festlegen und gliedern
   - Klärt das Thema eurer Podiumsdiskussion und entwickelt hieraus eine Leitfrage für eure weitere Arbeit.
   - Untergliedert das Thema in verschiedene Teilthemen oder Aspekte. Hierfür könnt ihr euch an den Arbeitsanregungen orientieren.
3. Schritt: Ziele und Verfahren festlegen
   - Einigt euch auf ein passendes Dokumentationsmedium zur Präsentation eurer Ergebnisse. Das kann eine Mindmap, ein Verlaufsschema, ein Steckbrief, ein Tafelbild, ein Rollenspiel oder Ähnliches sein.
   - Einigt euch dazu auch auf die äußere Form der Einzelergebnisse. Zum Beispiel könnte jede Person durch ein Foto sowie grundlegende biografische Informationen dargestellt werden und hieran könnten sich die Aussagen der Person anschließen.
4. Schritt: Recherche und Produktion
   - Wertet die Quellen im Hinblick auf eure Leitfrage aus.
   - Ordnet die Informationen.
   - Erstellt präsentationsfertige Teilergebnisse und bündelt diese für das fiktive Podiumsgespräch.
5. Schritt: Qualitätsprüfung und Veröffentlichung
   - Überprüft eure Ergebnisse im Hinblick auf die Leitfrage und korrigiert eventuell aufgetretene Fehler oder vervollständigt ggf. fehlende Aspekte.
   - Präsentiert euer Gesamtergebnis.

Arbeitsanregungen:

1. Notiere Merkmale, die das Alltagsleben in der DDR beschreiben.

2. Beschreibe, wie das Leben in der DDR wahrgenommen wurde.
   a. Notiere Vorteile, die ein Leben in der DDR aus Sicht der Interviewten gehabt hat.
   b. Notiere Nachteile, die ein Leben in der DDR aus Sicht der Interviewten gehabt hat.

3. Einige der Befragten bewerten das Alltagsleben in der DDR als eher positiv, andere als eher negativ. Erkläre, wie diese unterschiedliche Bewertung zustande kam.

Klaus Kordon, S. 27:

Wenn Sie heute auf das Leben im damaligen Westdeutschland zurückblicken und vergleichen müssten, sehen Sie Vorteile, die die DDR geboten hat?

Eigentlich nicht. Wenn man mit Leuten spricht, die Vorteile aufzählen, die es in der DDR angeblich gegeben habe, könnte ich immer widersprechen. Manche sagen gerne, in der DDR gab es keine Arbeitslosigkeit. Stimmt offiziell. Inoffiziell gab es sie doch, aber man durfte in der DDR niemanden so einfach entlassen. Es gab in der DDR auch für jedes Kind einen Kitaplatz. Man wollte, dass die Frauen arbeiteten, denn sie wurden in der Arbeitswelt benötigt. Ich find es gut, dass Frauen arbeiten gehen können und ihre Kinder betreut werden. Aber in der DDR war das eine Staatsdoktrin. Fast alle Frauen mussten arbeiten und die Kinder konnte man ganz im Sinne des Staates erziehen.

Ich weiß noch, meine Tochter ging in den Kindergarten und hatte Geburtstag, da sagte sie abends: „Das war ein so schöner Geburtstag, schöner könnte der von Walter Ulbricht auch nicht sein." Das sagt ein Kind! Warum? Es gab kleine Hefte zum Vorlesen, die hießen „Bummi". Eine Geschichte hieß „Walter Ulbricht hat Geburtstag". Man sah ein farbiges Bild, auf dem man Walter Ulbricht mit seinem Spitzbart sah und auf seinem Schoß sitzt Teddy Bummi und schaut ihn an. Das bleibt kleinen Kindern natürlich im Kopf haften. So wurden die kleinen Kinder vorbereitet, sich mit der Politik des Staates vertraut zu machen. Dann wird auch oft von der Solidarität in der DDR berichtet, die Menschen hätten mehr zusammengehalten. Das ist doch klar, in schlechten Zeiten halten die Menschen immer zusammen. In guten Zeiten gehen sie auseinander. Und in der DDR gab es eben viele Gründe, um zusammenzurücken.

Den Begriff „Ostalgie" mögen Sie nicht. Haben Sie das Thema „DDR" wirklich für sich abgehakt?

[...] Für mich ist immer noch der Streit darüber interessant, ob die DDR ein Unrechtsstaat war oder nicht. Ein Staat, in dem man keinen Rechtsanwalt zu sehen bekommt, bevor man nicht alles gestanden hat, das ist schon mal ein Unrechtsstaat. Ein Staat, der auf Leute schießen lässt, weil sie von einer Straßenseite auf die andere wollen, das kann für mich auch nur ein Unrechtsstaat sein.

Marianne Birthler, S. 35:

Konnten Sie sich damals in der DDR vorstellen, dass eine Demokratie möglich wird?

Nein, so weit hat meine Fantasie nicht gereicht. Natürlich hatten wir immer die Hoffnung, dass sich die Verhältnisse verbessern und dass es Reformen geben wird. Ende der 80er-Jahre gab es in der Sowjetunion Glasnost und Perestroika und in Polen die Solidarność. Das waren Entwicklungen, die wir sehr aufmerksam verfolgt haben und aus denen wir natürlich Hoffnung schöpften. Aber in der DDR gab es zu dieser Zeit noch einen absoluten Stillstand. Im Juni 1989, als die Panzer in Peking über den Platz des Himmlischen Friedens rollten und zahllose junge Leute umkamen, war die DDR-Regierung die einzige, die nach Peking gefahren ist. Sie haben den Machthabern dort zu diesem Vorgehen des Militärs gratuliert. Das war natürlich ein klares Zeichen.

Günter Jeschonnek, S. 40:

Wie haben Sie den Alltag in der DDR erlebt?

Als gewöhnliche Privatperson, die den zwiespältigen DDR-Alltag in seinem familiären und beruflichen Umfeld erlebte. Ich war ab 1981 als Regisseur tätig (zuerst mit der hochgelobten Inszenierung des DDR-kritischen Stücks „Match" am Theater in Stendal) und verkehrte in erster Linie mit Leuten aus dem Kulturbetrieb und führte ein ganz gutes Leben. Auf der anderen Seite war das politische Umfeld. Ich habe einen Staat erlebt, der eine Mauer um sich gebaut hatte. Abgeschottet, verlogen, doppelbödig. Das heißt, man musste sehr gut zwischen den Zeilen lesen können. Die Mehrheit der Menschen richtete sich in diesem Staat ein oder stützte das SED-Regime. Es gab aber auch Menschen, die mit den politischen Verhältnissen unzufrieden waren, sich eingesperrt und unfrei fühlten oder eben Widerstand leisteten.

Was war für Sie persönlich positiv, was negativ in der DDR?

Positiv war vor allem, dass es den Menschen, mit denen ich zu tun hatte, weniger um „Schein und Sein“ ging. Sich über Äußerlichkeiten wie Status oder Geld zu definieren, hat in der DDR viel weniger eine Rolle gespielt als in der Bundesrepublik. Es gab keine großen ökonomischen Unterschiede innerhalb der Gesellschaft. Die Mieten und Lebensunterhaltskosten waren sehr gering. Alle hatten in etwa die gleichen finanziellen Mittel. Das war sehr angenehm, aber auch eine Form der Gleichmacherei. Negativ hingegen waren die politischen Beschränkungen, vor allem durch den Bau der Mauer 1961. Wir konnten die Familie und die Freunde im Westteil der Stadt auf einmal nicht mehr besuchen. Das war für mich im Nachhinein die größte persönliche Einschränkung in meiner Wahrnehmung. Dazu zählte auch die allumfassende Dominanz der SED-Partei: „Die Partei, die Partei, die hat immer recht.“ Alle Menschen, die eine andere politische Meinung hatten, waren Störenfriede oder sogar Staatsfeinde, zu denen ich auch gehörte. Das Individuelle spielte in der DDR kaum eine Rolle.

Katja Lange-Müller, S. 49 ff.:

Wir haben gelesen, dass Sie wegen „unsozialistischen Verhaltens“ mit 16 Jahren der Schule verwiesen wurden. Wie kam es dazu?

Ich habe auf dem Schulhof Politikerstimmen imitiert und sie mit völlig anderen Inhalten versehen. Ich konnte das ganz gut und alle haben sich totgelacht, bis irgendwann einer zum Direktor gegangen ist. Ich wurde dann zum Direktor zitiert und bekam zunächst nur einen Tadel. Und dann sollte ich Selbstkritik üben. Das war in der DDR immer das Zauberwort, wenn man etwas verbrochen hatte. Selbstkritik üben stellte sich so dar: Man trat vor die versammelte Klasse, meistens sogar vor die ganze Schule. Das hieß Fahnenappell, da standen dann alle: In der Mitte die Fahne, neben der Fahne links und rechts Direktor und Lehrer. Und dann musste man sich vor allen entschuldigen. In der Pubertät fällt einem das natürlich besonders schwer. Ich saß dann vor dem Elternbeirat und vor der versammelten Lehrerschaft, die mich alle grimmig anschauten. Eigentlich war ich auch bereit dazu, weil mir klar war, dass das die letzte Verwarnung war. Sonst wäre ich von der Schule geflogen. Meine Leistungen waren nicht das Problem. Das Problem war Frechheit, Aufsässigkeit und den Klassenclown zu geben. Ich war also entschlossen, Selbstkritik zu üben. Ich wollte anfangen zu sprechen, und dann weiß ich nicht, was mich geritten hat. „Ich denke gar nicht daran, das ist mir zu blöd“, habe ich gesagt und auf dem Absatz kehrtgemacht. Daraufhin war dann die Relegation, wie es offiziell hieß, beschlossene Sache. Ich bin von der Schule geflogen, und das war es dann mit dem Abitur.

Bereuen Sie das? Oder hätten Sie es heute genauso gemacht?

Ich bereue es nicht wirklich. Es gab zwar Phasen, in denen ich das auch bereut habe. Denn damit fing der ganze Ärger an. Von da an ging es bergab. Ich habe mir damit mächtige Steine in den Weg gelegt. Ich weiß nicht, ob ich erneut so handeln würde. Wie ich mich kenne, wahrscheinlich schon, denn ich bin ja kein anderer Mensch geworden. Und diese Lage, in die man da gebracht wurde, in der man einknickte und einfach sagte, dass man es bereute ... Ich habe das ja gar nicht bereut! Wenn ich es wirklich bereut hätte, hätte ich das vielleicht auch sagen können. Und dann habe ich mir gedacht, dass ein unbeugsamer Charakter vielleicht auch gar nicht so schlecht ist. [...]

Uns wird in der Schule eingebläut, wie schlimm die DDR eigentlich war. Fanden Sie das auch?

Es kommt darauf an. Sobald man versucht hatte, den eigenen Kopf durchzusetzen, mit irgendetwas nicht einverstanden zu sein, fingen die Probleme an. Vor allem was die berufliche Entwicklung anbelangte. Die Kaderakte begleitete dich von der Schulzeit bis ins Grab. Wenn man sich nicht weiter bemerkbar gemacht hatte, wenn man nicht anfing, Fragen zu stellen und sich dissidentisch [regimekritisch; F. L.] zu betätigen, dann ging es einem ganz gut.

Wenn man sich für all das nicht interessiert hat, dann war das eigentlich ein ganz gemütliches Leben. Es gab die nötigsten Dinge zum Leben, keiner hat gehungert, insbesondere musste keiner verdursten. Die Bierpreise waren traumhaft gering. Und ganz viele Leute waren damit zufrieden.

Ines Geipel, S. 60 ff.:

Wie sind Sie als Kind zum Leistungssport gekommen?

Ich bin in Dresden geboren, 1960, in einer sehr konformen Familie. Meine Eltern waren beide, ich sage immer, „beinharte Kommunisten". Mein Vater war Agent, der 15 Jahre im Westen unterwegs war, wie Akten später belegt haben. Er verschwand regelmäßig, und dann hieß es, er ist „auf irgendwelchen Lehrgängen". Er kam dann nach zwei, drei Wochen wieder mit Sachen, die es in der DDR nicht gab. Da ich ein ziemlich waches Mädchen war und immer so „doofe" Fragen gestellt habe, war ich natürlich nicht richtig in dieser Familie. Die Eltern wollten nicht, dass ich mehr herausfand oder sie irgendwie in die Bredouille brachte, und deswegen bin ich mit 14 Jahren nach Wickersdorf, in eine der beiden Russisch-Spezialschulen in der DDR, geschickt worden. Das war zunächst schrecklich, mit 14 weg von zu Hause, in ein Internat mitten im Thüringer Wald. Ich litt darunter, war ein trauriges Kind. Aber das war der Anfang mit dem Laufen. Es ging mir nicht gut damals, und vielleicht dachte ich, wenn ich laufe, so schnell laufe, dass mich der Schmerz nicht mehr erreichen kann, dann würde es mir besser gehen. Das Laufen hat mich damals gerettet. Ich bekam Kraft, lernte, mich zu wehren. Ja, das war die Sache mit dem Körper. […]

Lebten Sie damals auch in dem Bewusstsein, dass es auf der anderen Seite der Mauer ein besseres Leben gibt? Sie hatten ja schon angedeutet, dass das Gefühl erst mal nicht so gut war, wenn man von den Wettkämpfen zurückgekommen ist.

Ja, absolut. Ich meine, wir durften als junge Athleten die andere Realität ja manchmal sehen. Mein erster Länderkampf war in London. Auf einmal siehst du, dass es so eine faszinierende, lebendige Stadt gibt, eine völlig andere Welt. Das war unglaublich, ja großartig. Nur durften wir eben mit keinem der westlichen Athleten sprechen oder in Kontakt kommen. Das war absolut verboten. Ich bekam immer Stress, weil ich es doch gemacht habe. Und in Mexiko bin ich dann ja auch wirklich ausgebrochen. Ich hatte mich im Trainingslager auf dem dortigen Olympiagelände verliebt und bin dann mit dem Gedanken zurückgefahren (es war 1984 in der Vorbereitung auf die Olympischen Spiele in Los Angeles): Ich werde mit der Mannschaft nach Los Angeles fliegen und dort bleiben. Ich wollte fliehen. Das war ganz konkret besprochen. Es gab einen richtigen Plan. Das Problem war nur, es ist gar niemand nach Los Angeles gefahren (lacht). Los Angeles fiel komplett aus. Der ganze Osten blieb zu Hause und blockierte die Olympischen Spiele. Aber die Staatssicherheit hatte durch einen Freund erfahren, dass ich Fluchtpläne habe, und das war natürlich ein absolutes No-Go im Sport. Und es wurde dann hart für mich. Der Geheimdienst startete einen Zersetzungsplan, der für mich ziemlich weitreichende Konsequenzen hatte.

Wurden Sie denn damals bevorzugt von, ja, von allen möglichen Leuten, weil Sie eben Leistungssportlerin waren?

Wir waren eine Trainingsgruppe, die immer die neuesten Adidas-Klamotten aus dem Westen bekam oder in Trainingslager im Westen durfte. Das ja, aber ansonsten war das DDR-Leistungssportsystem ein sehr hartes Druckkarussell. Ich hatte zu tun damit, das überhaupt auszuhalten, die tägliche Belastung unter sehr hoher Amplitude zu schaffen. Ich war ziemlich damit beschäftigt, mit meinen Körperschmerzen klarzukommen, und war viel verletzt. Die Muskeln rissen, die Knochenhaut war durch die Tartanbahn oft stark entzündet. Und ich hatte eben auch politisch ziemlichen Druck. Ich hatte die ganze Zeit über Freunde, die in Jena zur Opposition gehörten, und da die Stasi mich auf dem Kieker hatte, wussten die das natürlich. Also gab es unendlich viele Tribunale, wo ich immer irgendwas erklären musste. Das lief immer mehr auf diesen Punkt hinaus: entweder der Sport oder deine Freunde. Und irgendwann – ich hab es nicht sofort gekonnt, aber nach einer gewissen Zeit, weil sich der Druck immer mehr erhöhte – hab ich dann gesagt: „Okay, ich bin draußen, ich stehe zu meinen Freunden.“ Ich war traurig, klar, der Sport war damit vorbei, und ich hatte als Mitglied des Olympiakaders ganze zehn Minuten, um vom Sportgelände zu verschwinden, aber ich habe mich innerlich doch auch gut gefühlt, ich war bei mir geblieben. [...]

Was haben Sie genau gemacht, nachdem Sie dann die Entscheidung getroffen haben, ich bin jetzt raus aus dem Sport, und wie sah Ihr Alltag aus, als die Stasi Sie auf dem Kieker hatte, wie lebt man damit? Und haben Sie gemerkt, dass Sie beschattet wurden?

Ja, das hat man an den Ladas gemerkt, die vor dem Haus standen. Ich durfte zwar studieren, aber es war erneut ein Studium unter enormem Druck, denn es gab immer wieder Ärger. Beispielsweise gab es im Studium die fünf Wochen Zivilverteidigung. Vorher musste ich zu einem Gespräch und es wurde gesagt: Du darfst dir hier überhaupt nichts leisten. Das ist meine Erfahrung mit der DDR-Diktatur. So eine Versorgungsdiktatur, wo im Grunde jeder zu essen hat und auch ein Dach über dem Kopf, da kannst du schon eine Weile mitlaufen und innerlich wegtauchen. Ich war von der Herkunft her ein absolut indoktriniertes [politisch beeinflusstes; F. L.] Kind und musste mich aus dem Kern des Systems erst herausarbeiten, Stück für Stück. Aber irgendwann stehst du da und sagst: Nein, ich mache das hier nicht mit. Und dann kann es eben auch zu sehr harten Erfahrungen kommen. Und das macht ja im Grunde die Dimension dieses Systems aus: dass es immer das Eigene war, das schwer, ja oft brutal attackiert wurde.

Olaf Schwarzbach, S. 70 ff.:

Wie war Ihr Alltag in der DDR, waren Sie unzufrieden oder haben Sie probiert, Kompromisse zu finden?

Kompromisse muss man in jeder Gesellschaft finden, wenn man einigermaßen normal leben will. In der DDR war es ein bisschen schwieriger, Kompromisse zu finden. Das ging schon los in der Schule. Alle haben in der Schule das Gleiche gemacht. Man ist erst mal zu den Jungen Pionieren gekommen, mit sieben oder acht Jahren mussten sie alle rein, es gab nur ganz wenige, die das nicht mitgemacht haben. Danach ist man automatisch zu den Thälmann-Pionieren, das waren die großen Pioniere, die Jungpioniere hatten ein blaues und die Thälmann-Pioniere ein rotes Halstuch. Das war so ein Zwang. Da hatte ich keine Lust drauf. Danach musste man in die FDJ. Leute, die zum Beispiel ein kirchliches Elternhaus hatten und da nicht reinwollten, die haben Repressalien erfahren, sie durften nicht studieren. Im dritten Reich gab es auch so eine Jugendorganisation, wo man hinmusste. Und wenn man das nicht wollte, dann hat man halt Stress bekommen mit der Obrigkeit.

Als ich zur Armee musste, fingen die Probleme für mich richtig an. Ich hatte keine Lust auf die Armee, ich hatte so viel Schlechtes darüber gehört. Die Armee in der DDR war dazu da, die Leute nach innen zu disziplinieren. Anderthalb Jahre in der DDR-Kaserne, da haben sie dann schlimme Sachen mit den Leuten gemacht. Wenn man in der DDR den Dienst verweigerte, musste man ins Gefängnis. Es gab noch die Bausoldateneinheiten. Das waren auch Soldaten in Uniform, aber die hatten kein Gewehr. Sie mussten Raketenstellungen bauen, Schützengräben buddeln und Häuser bauen. Ich hatte zwar auch darauf keine Lust, habe mich aber erst mal beworben, weil diese Leute erst später zur Armee gezogen wurden. Damit hatte ich erst mal ein bisschen Aufschub.

Haben Sie nach Freiheit gestrebt?

„Freiheit“ hieß in der DDR eigentlich immer „der Westen“. Aber wenn man rüberwollte, dann konnte man nicht mehr zurück. Das heißt, man hat dann auch seine Familie nicht mehr gesehen, das wollte ich nicht. Das war ein eindeutiger Schritt, man hat einen Ausreiseantrag gestellt, dann wurde man schlecht behandelt. Es dauerte auch lange, bis man rauskam, manche haben vier Jahre gewartet, manche durften überhaupt nicht.

„Freiheit“ war gleich „Konsum“, viele wollten das, was sie im Westfernsehen in der Werbung gesehen haben. Sie dachten, da drüben, das ist Weißer Riese und Kaffee Hag. Konsum war mir egal.

Was hat den Osten für Sie so besonders gemacht, dass Sie nicht in den Westen wollten?

Das war meine Heimat, ich bin da geboren, ich hatte da meine Familie, meine Freunde. Ich

wusste auch, dass ich im Westen mehr hätte arbeiten müssen. Ich war eine faule Sau. Im Osten kam man mit ein bisschen Geld gut klar. Ich habe 25,00 Mark Miete bezahlt. Eine S-Bahn-Karte kostete 20 Pfennig, ein Brötchen 5 Pfennig, ein Bier 50 Pfennig. Im Westen hätte ich viel mehr tun müssen, um meine Miete zu bezahlen oder was auch immer.
Also warum sollte ich gehen? Ich habe gutes Geld verdient. Ich hatte eine gute Arbeit als Grafikdrucker gefunden.

Ich habe gehört, dass Ihre Arbeiten in der DDR vernichtet wurden?

[...] Ich habe für mich Comics gezeichnet, von denen mir aber klar war, dass ich die nie veröffentlichen werde, weil da Volkspolizisten drauf waren, die herumgeprügelt haben, war alles nichts, was irgendjemand in der DDR gedruckt hätte. Nach so einer Ausstellung gab es eine Hausdurchsuchung durch die Staatssicherheit. Die haben einiges mitgenommen. Daraufhin habe ich dann viele Originalzeichnungen vernichtet.

Claudia Rusch, S. 80 ff.:

Wie ist Ihre Kindheit in der DDR verlaufen?

Meine Kindheit war nicht typisch für die DDR. Das hat meine persönliche Entwicklung und mein Verhältnis zum Land geprägt. Ich wuchs in einem oppositionellen Umfeld auf, alle um mich herum waren im Fokus der politischen Aufmerksamkeit und durch das, was ich da erlebt habe, hatte ich natürlich nie die Chance, einen romantischen Blick auf die DDR zu entwickeln. Ich habe genau mitbekommen, dass die Freunde meiner Eltern plötzlich verschwanden und wir massiv von der Stasi überwacht wurden. Sie war überall, vor dem Haus, vor der Schule und so weiter. [...]
Doch obwohl die Bedingungen, unter denen ich aufwuchs, nicht gerade ideal waren, hatte ich eine glückliche Kindheit. Ich hatte, was wirklich wichtig im Leben ist: die Liebe und den Schutz meiner Eltern, genug zu essen und ein Dach über dem Kopf. Aber ich hätte damals gerne auf die Stasi vorm Haus verzichtet und auch auf die Angst, meine Eltern könnten plötzlich verhaftet werden. Mein Großvater war ja nur wenige Jahre zuvor in einer UHA [Untersuchungshaftanstalt; F. L.] des MfS [Ministerium für Staatssicherheit; F. L.] gestorben. Mit 42. Aber diese Angst war nur das eine, das andere war die große innere Freiheit, die damit einherging, unter den Querdenkern und Künstlern der Opposition aufzuwachsen. Ich bin immer dazu angehalten worden, zu denken, meine Meinung zu sagen, zu träumen. Das hat mir später sehr geholfen. Auch im Westen.

Haben Sie sich als Kind gewünscht zu reisen?

Ich komme aus einer Seefahrerfamilie. Da ist das Fernweh quasi genetisch. Schon als ganz kleines Mädchen, mit sechs Jahren, wollte ich unbedingt nach Frankreich und meine Mutter hat mir damals immer wieder gesagt: „Wenn du 14 Jahre alt bist und Jugendweihe hast, dann fahren wir nach Paris." Sie wusste, dass wir das nicht tun würden. Später habe ich sie mal gefragt, warum sie mir das wider besseren Wissens versprochen hat. Und sie hatte eine sehr schöne Erklärung dafür: „Ich wollte dir mit sechs Jahren nicht schon erklären müssen, dass deine Welt hier zu Ende ist. Ich wollte, dass du weißt, dass du dort einen Platz hast und überall hingehen kannst, wenn du möchtest. Ich wollte dir die Welt offenhalten." Und das hat sie getan. Dafür bin ich ihr bis heute dankbar. [...]
Kurz vor dem Mauerfall am 4. November 1989 war die große nicht staatliche Demonstration, auf der Schriftsteller, Schauspieler und Musiker gesprochen haben. Steffie Spira, eine verstorbene Schauspielerin, beendete ihre Rede mit den Worten: „Ich wünsche mir, dass meine Enkel in einer Welt ohne Fahnenappelle aufwachsen." Es war dieser Moment, als mir zum ersten Mal klar wurde, dass die ständigen Fahnenappelle, die ganzen militärischen Strukturen, die meine Kindheit geprägt hatten, nicht „normal" waren. Ich hatte das zwar immer blöd gefunden, aber nie ernsthaft infrage gestellt. Wie auch? Meine Eltern waren ja in derselben militarisierten Gesellschaft aufgewachsen wie ich, und auch meine Großmutter, die in den 1930er-Jahren zur Schule ging, kannte es nicht anders. Keiner von uns wusste, wie man ohne Fahnenappelle lebte.

Kai Lüftner, S. 90:

Kai, du hast auffällig viele Tätowierungen – war es in der DDR möglich, sich tätowieren zu lassen, und was haben deine Eltern dazu gesagt?

Ja. In der DDR konnte man sich natürlich tätowieren lassen. Tätowierungen sind aber erst in den letzten 20 Jahren zur Kunst geworden. Davor gehörten tätowierte Menschen einem bestimmten Milieu an. In meiner Kindheit bedeutete eine Tätowierung gleich Knast. Mein erstes Tattoo hatte ich mit 14 Jahren. Ein Totenkopf mit einer Rose im Mund und ich kleidete mich in Tarnklamotten und Springerstiefeln. Für meine Eltern – meine Mutter war Juristin im Rathaus Köpenick und mein Vater Gewichtheber, der bei Dynamo die Ringer-Jugend trainiert hat – war das sehr schlimm. Sie konnten nicht verstehen, dass ihr braver Sohn so ausrastete. Ich habe mit Freunden und Kumpels im Kiez viel Zeit verbracht und auf so mancher Gästecouch geschlafen. Diese Freunde waren meine Familie. Ich habe dann mit 16 Jahren einen Einzelfallhelfer bekommen, da ich als schwer erziehbarer Jugendlicher galt.

Susan Hoecke, S. 98 ff.:

Wie war es in Ost-Berlin im Kindergarten?

Da ich Essen liebe, weiß ich, dass ich mich damals extrem aufs Mittagessen gefreut habe, weil es in der Woche Milchreis mit Zucker und Zimt gab, das war und ist nach wie vor eines meiner Lieblingsessen. Und es gab immer entweder irgendwelche Würste mit Kartoffelbrei oder Königsberger Klopse, was ich selber auch total gerne koche. Und was ich schön fand am Kindergarten sowie auch an der Schule, ist, dass sich viel mehr um uns gekümmert wurde. Also wir gingen zum Beispiel nach der Schule immer in den Hort, wo wir dann gespielt haben, wo immer die gleiche Gruppe von Leuten war. Dort wurden wir von Lehrern oder Erziehern entertaint. Später im Westen hieß das dann Hausaufgaben-AG, da ist man dann natürlich nicht mehr unbedingt hingegangen.

Welche Spiele oder mit welchem Spielzeug hast du gerne gespielt?

Mein erstes Spielzeug, an das ich mich erinnern kann, war ein selbst geknüpfter Kasper, den meine Oma gemacht hat. Mit dem habe ich Ewigkeiten gespielt. [...]

Wie waren die ersten Schuljahre? War die Schule sehr anders?

Die ersten Schuljahre waren deswegen anders, weil es das Pionierwesen gab. Es gab immer einen Pionier, der die Klasse zum Unterricht bereit erklärt hat. Er hat sich vorne hingestellt, hat den Pioniergruß gemacht und gesagt: „Die Klasse ist zum Unterricht bereit." Ich habe ja nur noch die ersten zwei Jahre in der DDR die Schulzeit erlebt, weil ich 1981 geboren bin. Danach hat sich einiges geändert. Was an der Schulzeit zum Beispiel schön war, dass die erste Klasse für die Neuankömmlinge immer ein Theaterstück machen musste. Da habe ich entdeckt, dass ich gerne schauspielere. [...]

Wusstest du als Kind, dass du in einem geteilten Land lebst?

Ja, das wusste ich. Aber natürlich begreift man das nicht wirklich. Man weiß, man darf nicht überall hinfahren. Wir hatten zum Beispiel einen Onkel und eine Tante im Westen. Ich habe mich natürlich gefragt, warum wir sie nicht besuchen können. Man musste dann einen Antrag stellen. Für den siebzigsten Geburtstag meiner Tante hat mein Papa ein Jahr im Voraus den Antrag stellen müssen, damit er sie besuchen konnte. Da wurde mir schon klar, dass ich in einem Land lebe, aus dem ich nicht rausdarf. Die ganze Politik und was dahintersteckte, habe ich natürlich noch nicht verstanden. [...]

War deine Kindheit im Osten für dich generell sehr anders als die Kindheit im Westen?

Wie gesagt, ich fand es einfach schön, dass alle relativ gleich waren, alle Eltern hatten Arbeit und somit weniger Zukunftsängste. Dadurch gab es weniger Zoff zu Hause, weil irgendjemand arbeitslos war oder in Alkoholismus abgestürzt ist, es gab weniger Kriminalität, es gab keine obdachlosen Menschen. Du konntest dein Kind in den Garten, auf den Hof oder sonst wohin schicken, du musstest dir nicht so viele Sorgen machen. Heute würde ich mein Kind nicht so gerne in Berlin großziehen.
Ich war mit sieben, acht Jahren bis abends um sechs draußen auf der Straße unterwegs. Und das würde ich jetzt wahrscheinlich nicht

so leicht zulassen. Und vieles, wie zum Beispiel irgendwelche Sport-AGs, war kostenlos. Ins Kino zu gehen, hat 25 Pfennig gekostet. Das war nichts, so etwas wurde vom Staat unterstützt.
Alles, was irgendwie Spaß gemacht hat, war halt fast umsonst. Sie wollten ihre Leute glücklich halten. Und das fand ich toll. [...]
Und das für mich damals Einzige, was wirklich schade war, war eben, dass wir nicht zu Bekannten in den Westen konnten. Klar, wir hatten keine Orangen oder so. Dafür haben wir Orangen, wenn es sie mal gab, genossen wie den tollsten Kaviar. Das war etwas ganz, ganz Besonderes, was man nie kriegt. Wir haben die Sachen viel mehr wertgeschätzt. Und das tun wir heute überhaupt nicht mehr. Und das ist das, was ich so besonders finde an der DDR.

David Wagner, Jochen Schmidt, S. 106 f.:

Herr Wagner, gibt es eine Kindheitserinnerung, die vom geteilten Deutschland geprägt ist?

David Wagner: Wir hatten keine Verwandtschaft im Osten, daher war das familiär nie ein großes Thema. Aber als ich zehn war, bin ich mal nach Berlin geflogen. Da habe ich die Mauer mit den Sperranlagen wirklich von oben gesehen. Das hat mich sehr beeindruckt, das war wirklich krass. Vorher hatte ich mir immer vorgestellt, man könne vielleicht einfach über die Mauer klettern. Irgendwas könnte man da schon machen. Ich fand es ungerecht, dass die Leute eingesperrt waren, und habe mich gefragt, warum das so war. Es waren doch auf beiden Seiten deutsche Staaten, die vorher zusammengehört hatten. Für die einen, für uns, war der Krieg gut ausgegangen. Die Amerikaner hatten uns befreit und mit dem Marshall-Plan hochgefüttert – die andere Seite hatte irgendwie Pech gehabt. Dort hatten die Russen ihr System installiert. Wir sind in den Ferien immer überall hingefahren, nach Italien oder Frankreich oder Spanien, es gab auch einen Schulaustausch mit England. Immer eingesperrt zu sein, das konnte ich mir nicht vorstellen.

Herr Schmidt, haben Sie in der DDR etwas von dieser Ungerechtigkeit oder von der Beklemmung des Eingesperrt-Seins gespürt?

Jochen Schmidt: Ehrlich gesagt, nein, obwohl ich in Berlin oft auch die Mauer gesehen habe. Die S-Bahn fuhr ja zwischen Pankow und Schönhauser Allee zwischen der Mauer durch, also im Niemandsland. Das fand ich ganz normal. Ich hatte zwar natürlich den Wunsch, mal in einem Comicgeschäft einkaufen zu können, und habe nachts von einem Geschäft voller Marsriegel und Snickers geträumt. Oder davon, sich einfach eine Jeans zu kaufen. Aber ich hatte keine Probleme mit der Stasi. Ich bin nie von der Polizei weggesperrt worden wie Leute, die Punks waren oder so. Deswegen hatte ich auch nie das Gefühl, dass ich denen nicht entkommen kann, dass die immer hinterherkommen. Ich habe mich eigentlich ganz normal frei gefühlt, und auch vom Reisen her war ich dann auch unterwegs, halb getrampt, halb mit dem Zug, nach Rumänien oder Polen. Da war schon viel zu entdecken. Ich war noch zu jung, um diese Stagnation zu empfinden. [...]

Herr Schmidt, haben Sie negative Erinnerungen an die DDR? Oder besonders gute Erinnerungen, etwas, das Sie vermissen?

Jochen Schmidt: Negative Erinnerungen sind mit der Schule verbunden. Ich hatte eine sehr stalinistische Lehrerin, die sich schon daran gestört hat, dass ich meine Haare zu einem kleinen Zopf hinten am Kopf mit einem Haargummi zusammengebunden hatte. Da hat sie mir die Hölle heißgemacht und wollte mich nicht mehr unterrichten. Das war 9. bis 12. Klasse, meine Klassenlehrerin in Russisch. Da habe ich jetzt immer noch Albträume. Das war schon etwas Politisches, denn jedes äußerliche Statement war gleich ein Statement gegen den Staat. [...]

Was war Ihr geilstes Erlebnis in der Jugend?

David Wagner: Die ganzen Quatschgeschichten, die ich mit meinem Bruder gemacht habe und die dann gut ausgegangen sind. Einmal haben wir ein riesiges Maifeuer vor dem 1. Mai angezündet und sind nicht erwischt worden. Ich habe gesprüht mit Schablonen, so Graffitischmierereien, teils auch politische Sachen, Anti-Atomkraftwerk-Sachen und so. Im Nachhinein denke ich, wäre man bei so etwas in der DDR erwischt worden, dann wäre man wirklich von der Schule geflogen. Und Schlimmeres vielleicht ...

Sten Nadolny, S. 116:

Was hielten Sie als Kind von der DDR?

Als Kind, das heißt in den Fünfzigerjahren, hatte ich überhaupt keine Beziehung zu der DDR, der damals noch sowjetischen Besatzungszone. Ich hatte den Staat nur durch das Radio wahrgenommen, den Staatssender, der über die Grenzen hinweg Propaganda für den Sozialismus machen sollte. Deswegen konnte man ihn auch bei uns hören. Ich hasste das Sprechgeräusch, das aus dem Sender kam, trotzdem habe ich es immer wieder gehört und mich immer wieder neu aufgeregt.

Ich wusste auch nichts vom Sozialismus und was er eigentlich will. Ich habe bloß gedacht: „Das sind Leute, die ständig Lügen erzählen." Ich wollte die Wahrheit hören, ich wollte nicht angelogen werden.

THEMA: FLUCHT AUS DER DDR

Lernarrangement:

Erstellt ein Verlaufsschema zum Thema „Flucht aus der DDR“.

1. Schritt: Vorbereitung
   - Teilt die Materialien unter euch/in eurer Klasse entsprechend auf – lasst euch hierbei ggf. von eurem Lehrer helfen.
2. Schritt: Analyse (Einzelarbeit)
   - Wertet eure Quellen im Hinblick auf das Thema „Flucht aus der DDR“ aus.
   - Ordnet die Informationen den einzelnen Teilaspekten (Ursachen, Ablauf, Leben danach) zu.
   - Notiert eure Ergebnisse in euer Verlaufsschema.
3. Schritt: Interpretation und Bewertung (Gruppenarbeit)
   - Findet euch in Gruppen zusammen.
   - Tauscht euch über die Teilergebnisse aus, notiert die Ergebnisse der anderen Gruppenmitglieder und erweitert somit eurer Verlaufsschema um die Ergebnisse der anderen.
   - Formuliert – mit Blick auf das Thema – gemeinsam ein Fazit aus euren Teilergebnissen.

Arbeitsanregungen:

1. Benenne Ursachen für die Flucht aus der DDR.

2. Beschreibe den Ablauf der Flucht aus der DDR.

3. Erkläre, wie das Leben der Bürger aussah, nachdem sie aus der DDR geflohen waren.

Klaus Kordon, S. 20:

Sie haben ja die DDR verlassen. Wann haben Sie den endgültigen Entschluss dazu gefasst?

Ich bin in Ost-Berlin aufgewachsen und bis ich 18 Jahre alt war, gab es die Mauer noch nicht. Man konnte zwischen Ost- und West-Berlin hin und her. Das ist eine Zeit, die man sich heute gar nicht mehr vorstellen kann, dass man in derselben Stadt gelebt hat, ohne Mauer, aber mit verschiedener Währung, verschiedenen Zeitschriften, verschiedenen Kinofilmen, also sozialistische Welt und kapitalistische Welt in einer Stadt vereint. [...] man ging also zwischen den beiden Stadthälften ständig hin und her. Als 1961 die Mauer gebaut wurde, war mir die eine Hälfte der Stadt gestohlen worden. Natürlich habe ich damals gedacht, dass es nicht ewig dauern kann. Dass es 28 Jahre dauern würde, hätte ich niemals vermutet. Es war dann für Leute, die in der Zeit aufgewachsen sind, wie mich, doch sehr schwer, dass man plötzlich in einem Land lebte, wo man sehr unfrei war, wo man sich auch eingesperrt gefühlt hat, eben durch die Mauer. Und dann kommt noch dazu, dass ich schreiben wollte, schreiben so, wie ich denke, und nicht so, wie der Staat es sich von seinen Autoren gewünscht hat. Ich habe in einer Firma gearbeitet, wo ich praktisch keinerlei Entwicklungsmöglichkeiten hatte, weil ich nicht bereit dazu war, in die Partei einzutreten. Ich bin unglücklich gewesen und habe 1972 einen Fluchtversuch zusammen mit meiner Frau und meinen zwei Kindern gewagt. Wir wollten eine Urlaubsreise machen, in Bulgarien die Schwester meiner Frau treffen, die uns dann westdeutsche Pässe mitgebracht hätte, mit denen wir dann über die Türkei nach Westdeutschland ausgereist wären. Das hat nicht geklappt. Wir wurden verhaftet und zu knapp drei Jahren Gefängnis verurteilt. Wir hatten aber das Glück, nach einem Jahr Haft vom Westen freigekauft worden zu sein. So was gab es, dass man im Westen Geld bezahlt hat für politische Häftlinge in der DDR, damit sie aus der Haft entlassen werden konnten.

Es gibt so viele, die sind dageblieben und haben sich angepasst und die Schnauze gehalten. Jeder hat für sich einen Weg finden müssen, in diesem Staat leben zu können, ohne die individuelle Freiheit. Wenn man aber schreiben will, dann geht das nicht. Man kann nicht nur für die Schublade schreiben, was nie jemand lesen darf. Jeder Autor, der was schreibt, will gelesen werden.

Günter Jeschonnek, S. 43:

Sie wollten keinen Wehrdienst leisten und versuchten zu flüchten. Wie haben Sie die Flucht geplant?

Unser Freundeskreis war kontra SED. Viele hatten eine besondere Affinität [Neigung; F. L.] zum Westen. Mit 18 stand für mich fest, noch vor meinem Rentenalter in Paris zu sein und nicht in die Nationale Volksarmee eingezogen zu werden. Die Wehrpflicht war dann aber nach meinem ersten Studium zum Agraringenieur unausweichlich und ich nahm mir zusammen mit einem Freund vor, über die österreichisch-ungarische Grenze zu flüchten. Ich wollte keinesfalls zur Armee und endlich in Freiheit sein.

Und warum wurden Sie so schnell erwischt?

(lacht) ... Die Frage stelle ich mir im Nachhinein auch immer wieder. Wir hatten eine Urlaubsreise nach Ungarn vorgetäuscht und wurden in Pirna, unmittelbar an der DDR-Grenze, aus dem Zug herausgezerrt. Die Grenzer im Zug von Berlin nach Prag hatten einen Riecher für so etwas. Vielleicht hat aber auch irgendjemand aus unserem Umfeld etwas verraten oder mitbekommen? Keine Ahnung. Nach zwei Tagen Haft wurden wir wieder freigelassen, weil wir uns herausreden konnten. Zum Glück bekamen wir keine Gefängnisstrafe.

Ines Geipel, S. 65 f.:

Wann haben Sie das erste Mal so richtig an Ihre Flucht gedacht?

Na, Thema war es ja schon zu Zeiten des Sports, mit der geplanten Flucht über Los Angeles. Das wusste die Staatssicherheit. Deshalb auch der Zersetzungsplan. Und es war ein Thema durch die Freunde, die immer kritischer werdenden Freunde. Im Studium haben wir Protestaktionen gemacht. Ich durfte von daher auch nicht promovieren [den Doktortitel erwerben; F. L.]. Und am Ende meines Germanistikstudiums war ich dann die Einzige in der Studiengruppe, die nicht vermittelt wurde, das heißt, keinen Job bekam. In der DDR gab es so ein Vermittlungssystem, das heißt, für jeden Studienplatz sollte es auch einen Job geben. Sowieso studierten ja in Jena nur alle drei Jahre zehn bis zwölf Leute Diplomgermanistik. Und dann hätte ich schon noch Friedhofsgärtnerin oder Verkäuferin werden können, aber ich wollte etwas mit Sprache machen, ich wollte schreiben. Das heißt, für mich ging es in der DDR in keine Richtung hin mehr weiter. Und dann war es klar für mich: raus hier. Nach Ungarn fahren und über die grüne Grenze gelangen. Robben, laufen. Laufen konnte ich ja.

Wie verlief Ihre Flucht genau?

Es gab einen Nachtzug von Dresden aus nach Budapest. Und in Budapest stehst du dann auf dem großen Bahnhof und denkst: Okay, und jetzt? Was machst du jetzt? Es sagt dir ja keiner, das ist jetzt hier der Weg, über diesen Weg kannst du fliehen. Du musst deine Route ja erst mal finden. Wie dich orientieren? Du kannst die Sprache nicht. Und ich hatte es auch mit der Angst gekriegt in Budapest. In den Hotels lagen Zeitungen, dass sie an der ungarischen Grenze gerade einen Thüringer erschossen hatten (Maueropfer). Und dann ist auch klar: Du verlässt jetzt dein altes Leben. Schaffst du das? Kriegst du das hin? Ich habe mich dann in einen Vorortzug gesetzt. Da saßen dicke Bäuerinnen mit Hühnern auf dem Schoß und haben mir ihre Paprikawürste und Weißbrot hingehalten. Die wussten schon, was ich vorhabe. Und dann bin ich in einem kleinen Ort ausgestiegen. Und die Augen der Ungarn im Ort haben mich geführt. Es fiel kein Wort, aber ich habe mich durch sie gelotst gefühlt. Und dann wartest du auf die Nacht, in so einem kleinen Ort und verschwindest dann irgendwie und kriechst die Nacht lang durch die grüne Grenze. Du hörst die Militärautos, die Jeeptüren, die Stimmen der Männer, siehst ab und an ein Leuchtfeuer. Und du traust dich vor Angst kaum zu atmen. Und dann versuchst du eben, so zwischen Feld und Gelände irgendwie durchzukommen. Ich bin wahrscheinlich fünfmal länger gekrochen, als nötig gewesen wäre. Und ja, am Morgen sah ich dann ganz entfernt so eine weiße Kirche und dachte: „Okay, also so ein Weiß, das gehört nicht mehr zum Osten. Das muss Österreich sein." Und das stimmte dann auch.

Haben Sie bei Ihrer Flucht geahnt, oder hatten Sie es im Gefühl, dass die Mauer kurz vorm Fall war? Das war ja im Sommer, kurz bevor die Mauer dann gefallen ist.

(lacht) Ach, wie oft ich das schon gefragt worden bin. Also, ich glaube mittlerweile fast, dass so ziemlich alle auf der Welt es schon wussten, nur ich wusste es nicht. Aber selbst wenn, es wäre völlig irrelevant für mich. Das Wichtigste war, es zu machen. Und wenn es nur eine Woche vorher gewesen wäre. Bei mir war es Ende August, das ist nicht viel, aber es ging um den Akt als solchen. Eben darum, für mich ein unstatthaftes, ungutes Leben aktiv, durch mich selbst halt zu beenden. Ein Leben, in das ich ja auch sehr eingebunden gewesen war, durch die Familie, durch den Sport, das Studium. Diese Distanz herzustellen zu dieser zugeschlossenen kleinen DDR-Welt, in der alle so ineinander verbacken gelebt, sich so ineinandergelebt haben, ja, das war wichtig für mich, vielleicht das Wichtigste überhaupt.

Olaf Schwarzbach, S. 72 ff.:

Haben Sie nach Freiheit gestrebt?

„Freiheit" hieß in der DDR eigentlich immer „der Westen". Aber wenn man rüberwollte, dann konnte man nicht mehr zurück. Das heißt, man hat dann auch seine Familie nicht mehr gesehen, das wollte ich nicht. Das war ein eindeutiger Schritt, man hat einen Ausreiseantrag gestellt, dann wurde man schlecht behandelt. Es dauerte auch lange, bis man rauskam, manche haben vier Jahre gewartet, manche durften überhaupt nicht. [...]

Wie sind Sie dann abgehauen?

Meine Tante wohnte in München. Sie hatte schon immer zu mir gesagt: „Junge, hau doch ab, was willst du denn hier? Komm rüber, dann kannst du die Welt sehen." Über die Mauer abzuhauen, war sehr schwierig. Also sind einige über das Ausland rüber, wo die Grenzen nicht so schwer überwacht waren wie in der DDR. Ich bin dann über Ungarn geflohen, durch einen Fluss nach Österreich rübergeschwommen. →

Haben Sie die Flucht aus der DDR als Befreiungsschlag empfunden?

Als ich dann weg war, war es tatsächlich ein Befreiungsschlag. Zuvor hätte ich das so nicht gedacht. Ich war ja abgehauen und hatte alles zurückgelassen. Ich hatte eine Freundin, meine Familie im Osten und ich wusste, wenn ich abhaue, dann sehe ich die nie wieder. Klar, man konnte telefonieren oder sich in Prag treffen, wo die DDR-Bürger hinreisen durften. Damals war es noch überhaupt nicht in Sicht, dass die Mauer jemals verschwindet. Dieses Nicht-mehr-Zurückkönnen war schon hart. Aber im Westen fand ich alles recht einfach. Ich konnte nach Italien. In München im Winter sah ich zum ersten Mal richtig weißen Schnee und hatte klare Luft. In der DDR war im Winter immer überall dieser Braunkohlerauch und der Schnee war schnell braun.

Claudia Rusch, S. 81:

Wann planten Sie zum ersten Mal, das Land zu verlassen?

Ich begann mit 14 Jahren, konkrete Fluchtpläne zu schmieden. Ich wollte nicht im Osten bleiben. Durch mein Umfeld war ich mit den verschiedenen Möglichkeiten einer Ausreise „vertraut“. Ich wusste, wie man das macht – und was es bedeutet. Ich habe die DDR immer als Feind erlebt, weil sie mich auch als Feind behandelt hat. Da sich mein ganzer Hass und Widerstand gegen den Staat richtete, war ich als Teenager überhaupt nicht aufsässig meinen Eltern gegenüber. Die hätte ich sowieso nur durch eine Karriere als stramme FDJ-Funktionärin schocken können.

THEMA: BAU DER BERLINER MAUER

Lernarrangement:

Erstellt Mauer-Graffitis.

1. Schritt: Vorbereitung
   - Teilt die Materialien unter euch / in eurer Klasse entsprechend auf – lasst euch hierbei ggf. von eurem Lehrer helfen.

2. Schritt: Analyse (Einzelarbeit)
   - Wertet eure Quellen im Hinblick auf das Thema aus.
   - Ordnet die Informationen den einzelnen Teilaspekten zu.
   - Notiert eure Ergebnisse.

3. Schritt: Sicherung (materialgleiche Gruppenarbeit)
   - Findet euch in materialgleichen Gruppen zusammen.
   - Tauscht euch über eure Ergebnisse aus.

4. Schritt: Bündelung der Teilergebnisse und Bewertung (materialdifferenzierte Gruppenarbeit)
   - Findet euch in materialdifferenzierten Gruppen zusammen.
   - Tauscht euch über die Teilergebnisse aus und vergleicht diese inhaltlich miteinander. Notiert eure Erkenntnisse.
   - Erstellt nun auf der Grundlage aller Teilergebnisse Mauer-Graffitis und präsentiert diese angemessen.

Arbeitsanregungen:

1. Benenne Gefühle, die der Bau der Berliner Mauer ausgelöst hat.

2. Notiere die Reaktionen der Menschen auf den Bau der Berliner Mauer.

3. Erkläre die Folgen, die aus dem Bau der Berliner Mauer resultierten.

Rainer Eppelmann, S. 10:

Wie hat sich Ihr Leben durch den Mauerbau geändert?

Bis zum 13. August 1961 konnte ich täglich von Ost-Berlin, der sowjetischen Besatzungszone, nach West-Berlin zum Johannes Kepler Gymnasium in Neukölln, der amerikanischen Besatzungszone fahren. Berlin war genau wie Deutschland in vier Besatzungszonen eingeteilt. In Berlin-Neukölln hatte man für Ost-Berliner ein Gymnasium freigeräumt, die, entweder aus politischen, aus religiösen Gründen oder weil die Eltern Akademiker waren, nicht aufs Gymnasium durften. Nur Arbeiterkinder sollten Abitur machen. Ich durfte im Osten kein Abitur machen, weil ich nicht in der FDJ war. Da die Tür nach West-Berlin ab dem 13. August 1961 zu war, konnte ich nicht mehr in meine Schule gehen und habe somit nie das Abitur machen können. Meine damaligen Mitschüler habe ich erst, nachdem die Mauer gefallen war, wiedergesehen. Mindestens die Hälfte ist noch vor dem 13. August 1961 in den Westen gezogen. Für uns, die im Osten geblieben sind, war es vorbei.

Hatten Sie Kontakt zu Ihrem Vater nach dem Mauerbau?

Mein Vater hat mit uns in Ost-Berlin gelebt, aber in West-Berlin gearbeitet. Deswegen hatte er sich einen West-Berliner Pass besorgt, was ihm ermöglichte, in den ersten Tagen, nachdem die Mauer gebaut war, vom Ostteil in den Westteil zu gehen. Nachdem mein Vater von einem Moment auf den anderen abends nicht mehr zurück nach Ost-Berlin durfte, habe ich ihn 19 Jahre lang nicht gesehen. Erst als die Möglichkeit der sogenannten „Reisen von DDR-Bürgern in den Westen wegen dringender Familienangelegenheiten“ bestand, durfte ich meinen schwer kranken Vater in einem West-Berliner Krankenhaus besuchen.

Klaus Kordon, S. 20:

Sie haben ja die DDR verlassen. Wann haben Sie den endgültigen Entschluss dazu gefasst?

Ich bin in Ost-Berlin aufgewachsen und bis ich 18 Jahre alt war, gab es die Mauer noch nicht. Man konnte zwischen Ost- und West-Berlin hin und her. Das ist eine Zeit, die man sich heute gar nicht mehr vorstellen kann, dass man in derselben Stadt gelebt hat, ohne Mauer, aber mit verschiedener Währung, verschiedenen Zeitschriften, verschiedenen Kinofilmen, also sozialistische Welt und kapitalistische Welt in einer Stadt vereint. Der Prenzlauer Berg, da wo ich aufgewachsen bin, das war sehr nah am Wedding, man ging also zwischen den beiden Stadthälften ständig hin und her. Als 1961 die Mauer gebaut wurde, war mir die eine Hälfte der Stadt gestohlen worden. Natürlich habe ich damals gedacht, dass es nicht ewig dauern kann. Dass es 28 Jahre dauern würde, hätte ich niemals vermutet. Es war dann für Leute, die in der Zeit aufgewachsen sind, wie mich, doch sehr schwer, dass man plötzlich in einem Land lebte, wo man sehr unfrei war, wo man sich auch eingesperrt gefühlt hat, eben durch die Mauer.

Sten Nadolny, 116:

Was hat der Mauerbau in Ihnen ausgelöst?

Ich fand die Mauer zunächst furchterregend, staunenswert, so wie man über eine Naturkatastrophe staunt. Dieses Gefühl des Staunens hat sich sehr bald verloren, denn die Mauer hat lange, lange Zeit gestanden. Irgendwann staunte kein Mensch mehr. Und als ich dann Taxifahrer war in den 70er-Jahren, musste ich irgendwelche Japaner, Amerikaner, Berlin-Besucher an die Mauer fahren. Sie stiegen aus, kletterten auf das Türmchen, schauten von dort darüber und dann kamen sie zurück und hatten Tränen in den Augen, waren erregt. Ich als Taxifahrer saß vorne und für mich war das eigentlich ein völliger Normalfall. Mir hatte die Mauer die Möglichkeit gegeben, als Taxifahrer ein bisschen mehr Geld zu verdienen, weil die da alle hinwollten. Ich war immer sehr dankbar.

Felix Görmann, S. 160:

Störte Sie die Mauer als Kind?

Nein. Als Kind hat die Mauer für mich nicht existiert. Ich ahnte, dass die da ist, aber es hat mich genauso gestört, wie die Grenze zu Frankreich. Sie war einfach da.

THEMA: FALL DER BERLINER MAUER

Lernarrangement:

Erstellt Tagebucheinträge der einzelnen Personen.

1. Schritt: Vorbereitung
   - Teilt die Materialien unter euch/in eurer Klasse entsprechend auf – lasst euch hierbei ggf. von eurem Lehrer helfen.
   - Recherchiert zu euren Personen grundlegende Hintergrundinformationen. Achtet hierbei vor allem darauf, welche Position die Personen mit Blick auf die DDR vertreten haben.
2. Schritt: Analyse (Einzelarbeit)
   - Wertet eure Quellen im Hinblick auf das Thema aus.
   - Ordnet die Informationen den einzelnen Teilaspekten aus den Arbeitsanregungen zu.
   - Notiert eure Ergebnisse.
3. Schritt: Interpretation und Bewertung (Partnerarbeit)
   - Findet euch mit einem Partner zusammen, der dasselbe Material erarbeitet hat.
   - Formuliert gemeinsam einen Tagebucheintrag dieser Person. Stellt diesem Eintrag wichtige biografische Angaben zur Person voran.
4. Schritt: Präsentation
   - Präsentiert eure Ergebnisse in angemessener Form.

Arbeitsanregungen:

1. Erkläre, wie die jeweilige Person den Fall der Berliner Mauer erlebt hat und welche spontanen Gefühle das Ereignis bei ihr auslöste.

2. Erkläre die Bedeutung, die die jeweilige Person diesem Ereignis zuschrieb.

3. Notiere und erkläre die Hoffnungen und Befürchtungen, die die jeweilige Person mit diesem Ereignis verband.

Klaus Kordon, S. 28:

Wie haben Sie dann den Mauerfall empfunden?

Als große Befreiung! Leider war ich nicht in Berlin. Ich war auf Lesereise, irgendwo zwischen Heidelberg und Mannheim. Abends nach der Veranstaltung mache ich den Fernseher an, um zu gucken, was gibt es heute Neues in der Welt, und sehe, wie Menschenmassen über die Bornholmer Brücke strömen und strahlen und heulen und sich freuen, dass sie über die Grenze gelassen werden. Ich dachte, das sei ein utopisches Fernsehspiel. Dann habe ich auf die anderen Sender umgeschaltet und es wurde überall davon berichtet. Als ich dann wiederkam, haben die Ersten schon gemeckert: „Seitdem die ganzen Ostler in der Stadt sind, kriegt man keine Banane mehr." Und die im Osten haben Angst gehabt, dass die nicht mehr beim Friseur angenommen werden, weil die Westler mit ihrem Westgeld kommen. Die große Euphorie war schon wieder verflogen. Für mich hat die Freude aber ewig angehalten. Ich hätte nicht gedacht, dass ich das noch mal erlebe, dass die Mauer fällt. Heute denke ich noch, wenn ich irgendwo durch die Stadt fahre: „Hier war die Mauer." Das kann man nicht einfach so vergessen.

Marianne Birthler, S. 37:

Sie waren am 4. November bei der Kundgebung auf dem Alexanderplatz und haben vor 500.000 Menschen gesprochen. Hätten Sie sich damals vorstellen können, dass die Grenzen in wenigen Tagen geöffnet werden?

Nein. Und was die Zahlen betrifft: Ein Freund von mir, der Historiker ist, hat recherchiert und ist auf 200.000 Menschen gekommen. Aber als gefühlte Zahl stimmt das sicher, es gab jede Menge Plakate und Transparente. Wir haben an diesem Tag gehofft, dass sich etwas verändern wird. Wir hofften auf einen allmählichen Prozess mit Verbesserungen wie beispielsweise die Reisemöglichkeiten. Es war völlig überraschend, dass fünf Tage später die Mauer fiel und wir frei waren zu gehen, wohin wir wollten. Das hätte ich in der DDR nie gekonnt.

Haben Sie die ganze Zeit dran geglaubt, dass die Mauer fallen wird?

Nein. Aber wir haben immer nur darauf gehofft. Meine Mutter hat gesagt: „Ach Kinder, ich wünsch mir so, dass ihr die Freiheit noch mal kennenlernt." Als Rentnerin durfte sie in den Westen fahren. Unsere Familie hatte viele Verbindungen in den Westen und einige Freunde, die uns besuchen durften. Ich selber durfte auch drei Mal als kirchliche Mitarbeiterin dienstlich in den Westen fahren. Einfach mal nach West-Berlin und dort Leute besuchen, das ging nicht.

Günter Jeschonnek, S. 45:

Wie haben Sie den Westen empfunden als sie 1987 ausreisten?

Wir reisten ja nicht brav aus. Wir wurden innerhalb weniger Stunden ausgebürgert und nach West-Berlin verfrachtet. Meine Frau, meine fünfjährige Tochter und ich. Nun hatten wir Bewegungsfreiheit und konnten in Länder reisen, in die ich schon immer wollte. Das Leben war freier, ohne ideologische Indoktrination. Ich brauchte natürlich einen Job und hoffte, dass meine Westfamilie und Freunde uns beruflich Hilfestellung geben könnten.

Hat sich denn mit dem Mauerfall ein bisschen das Tor zur Heimat wieder geöffnet?

Im ersten Moment war es eine große Freude, aber auch Irritation zugleich. Einerseits war endlich die Mauer gestürzt, andererseits wirkte der Ansturm der DDR-Bevölkerung auf mich, als ob es die ganzen Jahre in der DDR keine Anpassung, Duckmäusertum, Feigheit und Staatstreue gegeben hätte. Plötzlich klebte an fast allen DDR-Autos das „D". Das war wie eine Blendung für mich.

Katja Lange-Müller, S. 55:

Wo waren Sie, als die Mauer fiel?

In der Nacht, als die Mauer fiel, war ich in Bochum. Ich habe darüber einen Text geschrieben, den kann man in dem Buch „Die Nacht, in der die Mauer fiel“ nachlesen. In Bochum waren Hörspieltage und alle Veranstaltungen waren vorher gut besucht, und plötzlich saßen da nur noch drei zitternde Großmütter in der letzten Reihe. Das Hörspiel von Stephan Bock, um das es an diesem Abend ging, hieß „Doppelte Ankunft“ und erzählte die Geschichte eines Jungen aus dem Westen, aus dem Ruhrgebiet, den sie mit einem Fluchtauto in den Osten bugsiert hatten, eine sehr schräge Geschichte. Wir wunderten uns und fragten uns, was los sei. Danach gingen wir noch zu dem Italiener in der Nähe vom Bochumer Theater, wo es auch immer ganz voll war, aber da war es ebenso leer, kein Mensch. Später in meinem Hotelzimmer habe ich den Fernseher eingeschaltet und ich dachte, mich tritt ein Pferd. Nun war klar, warum nur drei Omas bei dieser Veranstaltung waren und warum dieser Szeneitaliener mit den schlechten Nudeln so leer gewesen war. So war's. Am nächsten Morgen bin ich dann mit dem ersten Zug zurück nach Berlin gefahren, kam allerdings kaum rein. Es war voll, die Leute standen wie die Sardinen, alles wollte nach Berlin. [...]

Hat sich da groß etwas für Sie geändert?

Was soll sich da geändert haben? Ich war ja eh schon im Westen. Ich hatte dazu das Gefühl, einen geringfügigen Vorteil zu haben, weil ich beides kannte, den Osten und den Westen und ich dachte: „Na, ihr werdet euch wundern, was jetzt passiert.“ Diese Sprüche „Wenn die D-Mark nicht zu uns kommt, gehen wir zu ihr“, dann dieser schnelle Wahlerfolg der CDU/CSU, was sicher damit zu tun hatte, dass Lafontaine ein Saarländer war. Noch ein Saarländer, das wäre zu der Zeit nicht gegangen, weil Honecker ja auch ein Saarländer war. Einfach der Klang der Stimme von Oskar Lafontaine war für die Ostler so, dass sich denen die Nackenhaare aufstellten, dieses Saarländische. Das ist ein Aspekt, den gar keiner in Erwägung zieht, aber ich bin sicher, dass das eher was Emotionales als etwas Rationales war.

Claudia Rusch, S. 82 ff.

Wie haben Sie den Mauerfall empfunden? Sie waren ja direkt vor Ort in Berlin.

Der Tag des Mauerfalls war sehr aufregend, wobei man immer wieder sagen muss, er ist nicht plötzlich aus dem Karton gesprungen. Es deutete sich schon vorher an. Ein halbes Jahr davor hatten über eine Million Menschen das Land verlassen. Es herrschte Ausnahmezustand. Den Krankenhäusern fehlte das Personal, alle, die irgendwie im medizinischen Lehrpersonal waren, wurden plötzlich in Krankenhäuser versetzt und mussten als Krankenpfleger arbeiten. Das Neue Forum war gegründet worden. Am 7. Oktober 1989 zum 40. Jahrestag der DDR war ganz Ost-Berlin umstellt von der NVA und der Polizei, alles war in Alarmbereitschaft. Es gab öffentliche Proteste, Demonstrationen. Die Montagsdemonstrationen liefen seit September. Die Reisebedingungen waren bereits gelockert worden. Es hatte einen Beschluss gegeben, dass jeder DDR-Bürger 30 Tage pro Jahr reisen könnte. Damit war für mich die erste Hürde genommen. Es war nicht so wie, sagen wir, fünf Jahre vorher, wo noch alles in „bester Ordnung“ war, und plötzlich geht die Mauer auf. Schabowski hätte damals ganz anders reagiert. Der hätte niemals aufgrund eines eingereichten Zettels gesagt: „Ab sofort sind die Grenzen auf.“ Das stand am Ende einer Kette von Ereignissen. Man spricht ja nicht umsonst vom „Revolutionären Herbst 1989“. [...]

Als am 9. November die Mauer fiel, bin ich mit Freunden gleich zum Grenzübergang Bornholmer Straße gegangen. Da war ein unheimliches Chaos. Die Euphorie der Stunde ist sofort auf einen übergesprungen und man hat gespürt, das ist ein bedeutsamer historischer Augenblick. Es ist auch gefilmt worden, wie ich die Mauer erklimme, weil hinter mir ein Fernsehteam stand, das wusste ich aber nicht. Das ist in dem preisgekrönten Dokumentarfilm Novembertage von Marcel Ophüls zu sehen. Auf der anderen Seite des Zauns stand mir der einzige Mensch, den ich in West-Berlin kannte, gegenüber. Er zerrte mich in ein Taxi, weg von diesen Menschenmassen und wir fuhren zusammen nach Kreuzberg. Wir sind rein in eine Kreuzberger Kneipe und haben, ganz berauscht und voller Enthusiasmus, gerufen: „Die Mauer ist auf, die Mauer ist auf!“ Und alle: „Eh, wat habt ihr denn jenommen?“ Dann habe ich dem Wirt meinen DDR-Ausweis gezeigt. Er war als Einziger nüchtern und hat verstanden, dass da wirklich was im Gange ist. Dann hat er das Radio angemacht und es gab Freibier für alle. Später sind wir noch in die Milchbar nahe der Wiener Straße. Wir standen an der Bar und ich sollte mir was aussuchen. Ich stand vor diesem riesigen Regal an der Wand mit Westschnaps und war überfordert. Und dann habe ich in aller Unschuld das bestellt, was ich schon immer mal trinken wollte: einen Bananensaft. Nie wieder hat mir dieser so gut geschmeckt wie in dieser Nacht in Kreuzberg.

Aber der Mauerfall war nicht nur mit einem irren Freudentaumel, sondern auch mit gewissen Bedenken verbunden. Unserer Generation, den in den 70er-Jahren Geborenen, hatte man Demut eingeimpft und gesagt, die Teilung Deutschlands sei richtig und konsequent. Der Horror des „Dritten Reichs“ und des 2. Weltkriegs steckte den Menschen ja noch in den Knochen. Wir hatten Angst davor, dass ein wiedervereinigtes Deutschland sofort rassistisch werden könnte. Heute weiß ich, dass die meisten gleichaltrigen Westfreunde das gleiche Problem hatten. Diese Angst bewahrheitete sich insoweit, dass die entsprechende Brut ja bekanntlich auch schnell aus ihren Löchern kroch und die Neonazis die ersten Ausländerwohnheime abfackelten.

Kai Lüftner, S. 91:

Wie hast du die Wende erlebt?

Die Wende veränderte unser aller Leben schlagartig. Wir waren 14- bis 18-jährige Ostkids und ich bin mit einem grünen Irokesen herumgerannt und hatte ständig Angst, eins auf die Schnauze zu bekommen. In dieser Zeit gab es bei uns die Punks und die Linken auf der einen Seite und die Faschos und Nazis auf der anderen Seite. Diese Gruppen haben sich gesucht, um Halt zu finden und einen Gegner zu haben. Das stärkt den eigenen Zusammenhalt. Die Erwachsenen, an denen man sich orientierte, waren komplett entwurzelt. Für einen Jugendlichen ist das eine sehr schwierige Situation, denn man wusste plötzlich nicht, was ist richtig und was ist falsch. Alles, was bis dahin einen Wert hatte, galt hier im Osten, der ehemaligen DDR nichts mehr. Wir konnten unmittelbar erleben, wie zwei Systeme aufeinanderprallten. Komplette Straßenzüge mit leeren Häusern im heute schicken Prenzlauer Berg und Friedrichshain waren von jungen autonomen Hausbesetzern bewohnt, denn ihre ehemaligen Bewohner sind in den Westen gegangen. Alles war abrissreif und in den Kellern fanden Konzerte statt. Die Türen waren mit Nägeln verrammelt, um sich gegen alles Mögliche zu wehren. Das klingt wie eine Filmszene, aber das war Wirklichkeit.

Susan Hoecke, S. 101 f.:

Was hat sich nach dem Mauerfall für dich verändert?

Also, ganz ehrlich, danach hat sich nicht so viel verändert, weil wir Menschen ja alle gleich geblieben sind. Die Eltern sind gleich geblieben, die Lehrer haben sich nicht groß verändert, sie haben nur anderen Lehrstoff bekommen. Man konnte dann halt rüber in den Westen. Ich wollte unbedingt diese Sternen-Barbie mit weißen Ohrringen und silbernen Sternen drauf. Ich war ja erst acht, als die Grenze weg war. Da hat man noch nicht so große Wünsche. Im Nachhinein fiel mir dann auf, dass wir in der DDR keine Marken hatten, kein Nike, kein Adidas. Es gab einfach die eine Hose, die eine Jacke, das eine Paar Schuhe. Und alle waren relativ gleich und auch happy damit. Also keiner war cooler, weil er bessere oder neuere Klamotten anhatte, weil die Eltern mehr Geld hatten. Und somit gab es auch weniger Konkurrenzdenken. Das fand ich persönlich an der DDR prima. [...]

Wie hat sich für dich der Mauerfall denn angefühlt, als du dann in den Westen konntest?

[...] Als die Mauer gefallen ist, sind die Nachbarn runtergekommen und haben geschrien: „Die Mauer ist auf!“ Als Achtjährige wusste ich überhaupt nicht, was die damit meinen. Ich weiß nur, dass meine Mama mich mit Tränen in den Augen angeschaut hat und gesagt hat: „Susi, jetzt sind wir endlich frei.“ Ich verbinde damit dieses: Wir sind freigelassen, wir dürfen. Wie aus dem Gefängnis befreit. Früher bin ich mit meiner Mama ein Mal im Monat zum Treptower Park gefahren. An der S-Bahn-Station war so eine Erhöhung, da konnte man über die Mauer, in den Westen schauen. Du hast die ganzen Lichter und Coca-Cola-Zeichen gesehen. Das war wie in den Zoo gehen. Du standst da und konntest in den Westen gucken, ohne dass du bestraft wurdest. Und auf einmal sind wir mit der S-Bahn zum Treptower Park gefahren und konnten über die Mauer rüberlaufen. Das war wie plötzlich im Dschungel zu stehen. Bunt und laut und anders. Aber dass ich jetzt da jeden Tag im Westen abgehangen hätte, war nicht der Fall. Ich habe mich eigentlich sehr wohl in der DDR gefühlt.

Also war das einzig Schlimme für euch, dass ihr nicht rauskonntet?

Ach nee, meine Familie, meine Eltern fanden die DDR nicht so dolle. Mein Vater reist zum Beispiel unheimlich gerne, wollte auch einmal fliehen. Für ihn war der Mauerfall schon ’ne Befreiung!

David Wagner, Jochen Schmidt, S. 110 ff.:

Wie prägend war der Mauerfall für Sie? Und wie ging es für Sie weiter?

David Wagner: In dem Moment, als es passierte, hat mich das bewegt. Ich hatte in den Monaten zuvor mitbekommen, dass sich in der DDR und auch im gesamten Ostblock etwas tat. Ich war interessiert daran und sogar ein bisschen neidisch auf diese Aufregung darauf, dass dort im anderen deutschen Staat eine Art Revolution passiert und die Mauer wirklich aufging. Andererseits ging ich in die 13. Klasse und habe mich hauptsächlich für Musik interessiert. Ich glaube, das ist mit vielen historischen Ereignissen so, in dem Moment weiß man noch nicht, wie historisch es sein kann.

Jochen Schmidt: Berlin war für mich natürlich auch immer noch innerhalb der DDR eine Insel. Hier war noch mal alles anders. Hier gab es mehr zu kaufen, hier war aber auch das System nicht so streng. Hier gab es Nischen und Räume. Wenn man in der Provinz saß, lief das Leben ganz anders.

Auch nach der Wende war Berlin ein Spezialfall. Hier in Ost-Berlin war es zwei Jahre lang noch so, dass man gar nicht viel merkte von den Veränderungen. Man lebte so in seinem Hinterhof und hat gehofft, dass das alles an einem vorbeigeht. Ich habe für mich noch lange in meiner alten Welt gelebt und hab gar nicht viel von Veränderungen gemerkt. Bin auch nicht viel gereist, hab nicht viel gekauft, ich hatte ja kein Geld und war an der Uni. Bis dann die Modernisierungen kamen. Und jetzt ist der Prenzlauer Berg fast schon europaweit das Symbol für Spießertum.

Sten Nadolny, S. 118 f.:

Wo waren Sie, als die Mauer fiel?

Da war ich in Istanbul. Im Herbst 1989 war ich in Istanbul, weil ich gerade den Roman „Selim oder die Gabe der Rede“ geschrieben hatte und mit zwei Reportern vom „Stern“ herumlief. Sie machten Fotos von mir, weil das Buch zum Teil in der Türkei spielt. Und abends saß ich im Hotel und guckte Fernsehen, konnte kein Türkisch, und sah da aber lauter Leute, die hampelten da auf so einer Art Bühne, einer half dem anderen hoch und die wollten alle auf der Bühne sein. Und ich dachte: „Was ist denn das?“ Und dann hörte ich immer: „Berlinde, Berlinde!“ und ich fragte mich: „In Berlin, in Berlin, da komme ich doch her, was ist denn da? Eine Theateraufführung? Da muss etwas ganz Tolles sein.“ Und dann ging ich nach unten in die Hotelhalle und wollte jemanden fragen, hätte ja sein können, dass die Reporter da noch sitzen und etwas trinken und die vielleicht etwas gehört haben. Da war aber keiner, außer einem Türken mit einem weißen Schnurrbart, so einem riesigen Schnurrbart, ein großer dicker Gentleman. Er fasste mich ins Auge, trat auf mich zu, umarmte mich, küsste mich rechts und küsste mich links und sagte zu mir: „Mein Herr, ich beglückwünsche Sie zu Ihrem Vaterland.“ Dann erfuhr ich, was passiert war, und dachte: „Das gibt es nicht, wenn ich mal weg bin!“

→

Wie war das, als Sie 1989 aus Istanbul zurückkamen?

Da musste ich eigentlich gar nicht unbedingt sofort zur Mauer fahren. Ich kam gar nicht hin, so ein Betrieb war da. Die ganzen Ost-Berliner waren ja plötzlich in West-Berlin, die liefen dort herum. Die hatten eine andere Art von Jeans an, eine Ostjeans. Und dann machten sie einen etwas ratloseren und bescheideneren Eindruck und man merkte, dass die Leute versuchten, sich jetzt zurechtzufinden. Wenn ich denen versucht habe, den Westen zur erklären, dann habe ich den schöngeredet. Ich wollte denen nicht die Hoffnung nehmen, dass das alles hier ein schönes Leben ist. Es wurde ungeheuer viel gequatscht. Das war erstaunlich. In der ganzen Zeit bis zum Mauerfall waren wir alle mehr oder weniger Linke, also die Studenten, hatten Sympathie für den Sozialismus. Und wir waren alle sehr kapitalismuskritisch, das heißt, wir fanden das System sehr verdächtig. Und dann ging die Mauer auf und die ganzen „Ossis“ kamen und denen sagten wir: „Also in der freien Marktwirtschaft funktioniert alles glänzend, das regelt sich alles von selber.“ Wir redeten wie Helmut Kohl, blühende Landschaften. „Bei euch ist alles grau und bei uns gibt es Farbe in den Geschäften, der Markt bietet alles.“ Plötzlich waren wir nicht mehr kapitalismuskritisch, sondern verteidigten den Westen. Jedenfalls ist es bei mir so gewesen. Verrückt, aber so war es.

Hanna Schygulla, S. 126:

Was haben Sie am 9. November 1989 gefühlt, als Sie von der offenen Grenze hörten?

Da haben sich mir die Härchen aufgestellt, wie immer, wenn etwas Historisches passiert, da kriegt man Gänsehaut, wenn man spürt, das ist so ein wichtiger Moment, weil sich für ganz viele Leute etwas Entscheidendes ändert. Ich habe es natürlich als Befreiung empfunden, dass die Mauer verschwindet, dass sich etwas öffnet. Ich war im Westen bei meinen Eltern, ich habe das alles nur über den Fernseher erlebt. Und später hat mir jemand aus Berlin ein Stück aus der Mauer zugeschickt. Da sind die sogenannten Mauerspechte gekommen und haben mit ihren Meißeln die Mauer durchlöchert.

Das zeigt doch, dass immer wieder große Überraschungen möglich sind. Niemand hätte gedacht, dass eine DDR-Frau heute an der Spitze Deutschlands steht. Erst mal eine Frau und dann eine aus der DDR. Das ist natürlich auch allein von daher schon schön, solche Überraschungen zu erleben, weil man auch fürs Weitere dann wie dieses Mauerstück den Beweis geradezu in der Hand hat, dass das Leben eine sehr überraschende Angelegenheit ist.

Andreas Fröhlich, Oliver Rohrbeck, S. 142 f.:

Wo wart ihr beim Mauerfall?

Andreas Fröhlich: Ich war beim Mauerfall bei mir zu Hause. Ein Freund erzählte mir, er sei in der Nacht zuvor in Ost-Berlin gewesen, er hätte einfach den Grenzübergang passiert, total wahnsinnig. Als ich das am nächsten Tag auch wollte, ging das aber nicht mehr. Ich bin dann mit dem Rad zum Brandenburger Tor gefahren und auf die Mauer geklettert. Willy Brandt lief an mir vorbei, er blickte fassungslos auf die Menschenmenge. [...]

Oliver Rohrbeck: Ich habe an dem Tag Theater gespielt in der Tribüne am Ernst-Reuter-Platz. Hinterher waren wir noch ein Bier trinken und plötzlich fuhr ein Trabbi nach dem anderen vorbei. Von da an waren jeden Tag lange Trabbischlangen in der Stadt und die Leute standen an den Banken, um sich ihr Begrüßungsgeld abzuholen.

Haben Sie den Mauerfall auch so richtig als Befreiung gefühlt?

Andreas Fröhlich: Wenn ich das als DDR-Bürger oder als Ost-Berliner erlebt hätte, hätte ich den Mauerfall wahrscheinlich schon als Befreiung empfunden. Für viele Leute aus der DDR war es ein lang gehegter Wunsch, endlich reisen zu können. Man hatte ja die Mauer als sogenanntes „Bollwerk gegen den Kapitalismus“ errichtet, um den westlichen Einfluss einzudämmen und draußen zu halten. Ich persönlich, als West-Berliner, habe mich nicht befreit gefühlt, denn ich hatte nie den Eindruck eingesperrt zu sein.

→

Wir können von Glück reden, dass der Mauerfall so friedlich abgelaufen ist und es keine Toten gab. Eine absolut unblutige Revolution. Als Schabowski in Ost-Berlin völlig unvorbereitet die neue Reiseverordnung vorstellte, hatte man den Eindruck, das passiere eher zufällig, fast wie aus einem Versprecher heraus.
Als dann die DDR-Bürger in ihren Trabbis über den Kudamm fuhren, haben wir alle geweint. Wenn ich heute die Bilder von damals zufällig im Fernsehen sehe, muss ich immer noch mit den Tränen kämpfen. Die Leute strömten ins KaDeWe, bekamen aber auch einen Schock, wenn sie vor einem Regal mit 38 verschiedenen Erdbeermarmeladen standen. Bis dahin waren sie froh, wenn sie eine hatten, und nun sollten sie sich entscheiden. The terror of choice.
Wie geht man plötzlich damit um, mit den Verlockungen des „goldenen Westens"? Was wird jetzt aus der DDR, behalte ich meinen Job?
Es war ja ziemlich schnell klar, dass zwei nebeneinander existierende deutsche Länder nicht aufrechtzuerhalten sind. Trotzdem hätte die Bundesrepublik die Chance gehabt, sich mehr vom Sozialismus inspirieren zu lassen. Zwar nicht die ganze Stasinummer, die Unterdrückung und die Todesstrafe, aber zum Beispiel die Kinderbetreuung, das kostenlose Gesundheitssystem. Vor allem aber das Miteinander und den Zusammenhalt untereinander.

Oliver Rohrbeck: Was ist denn jetzt noch übrig? Die Ampelmännchen und der grüne Pfeil.

Andreas Fröhlich: ... und die Soljanka. Der Kapitalismus hat alles aufgesaugt. In der Demokratie heißt es „Freedom of choice". Du kannst alles haben, aber dafür musst du auch wahnsinnig viel arbeiten. Das war auch so ein Spruch nach der Wende: „Ossi, du hast doch noch nie gearbeitet, wir hier in West-Berlin, in Westdeutschland, wir haben geackert, ihr habt doch nur euer Plansoll erfüllt und schreckliches Bier gesoffen." Aber das stimmte natürlich nicht.
Die Ostdeutschen mussten sich nach der Wende erst mal neu orientieren und das Schlimme war, sie wurden von den Wessis manchmal als „Deutsche zweiter Klasse" bezeichnet. Heute kann man zum Glück fast nicht mehr unterscheiden, ob jemand aus Ost- oder West-Berlin kommt.

Pierre Baigorry, S. 152:

Wo waren Sie am 9. November 1989 und was haben Sie gefühlt?

Wir hatten in der Schule schon mitbekommen, dass nachts die Leute über die Mauer geklettert waren. Wir sind dann mit unserem Politiklehrer zum Brandenburger Tor gefahren. Ich habe mich schon sehr gefreut. Es war skurril zu sehen, wie die Leute unter den Augen der Grenzpolizisten schon Mauerstücke da rausgekloppt haben. Für die meinsten [meisten; F. L.] Menschen war das ja eindeutig eine super Sache.

Felix Görmann, S. 160:

Störte Sie die Mauer als Kind?

Nein. Als Kind hat die Mauer für mich nicht existiert. Ich ahnte, dass die da ist, aber es hat mich genauso gestört, wie die Grenze zu Frankreich. Sie war einfach da.

Haben Sie noch Erinnerungen an den Mauerfall?

Das ist das Verrückte. Ich kann mich nicht erinnern, was ich gemacht habe, als die Mauer fiel. Ich hab da schon sehr oft drüber nachgedacht. Ich weiß es nicht mehr. Ich kann mich auch an keine Fernsehbilder erinnern. Das Erste, woran ich mich erinnere, dass ein Klassenkamerad ein kleines Stück Berliner Mauer mit in die Schule brachte. Da haben wir über den Mauerfall gesprochen. Das ist meine erste bewusste Erinnerung an die Mauer. Ein kleines Stück in einem Plastiksäckchen.

Friederike Kempter, 164 f.:

Hat sich dein Leben denn dadurch geändert, dass die Mauer gefallen ist?

Nee, ich war ja weit weg, da hat sich nicht so viel geändert. Mit zehn Jahren ist es einem erst mal nicht so wichtig, ob es jetzt mehr Bundesländer gibt. Für die Erwachsenen war das aber ein riesengroßes Ereignis.

Lustig für mich war im November/Dezember 1989, dass auf einmal alles voller Trabbis war, weil die alle Ausflüge in den Westen machten. Solche Autos hatte ich zuvor noch nie gesehen. Die stanken total und waren so laut, sahen dabei aber auch richtig niedlich aus.

Ich hatte in meiner Klasse ein Mädchen aus der DDR, die sächsisch gesprochen hatte. Das war komisch und wir haben sie am Anfang auch deswegen geärgert. [...]

Was hast du als Erstes gemacht, als du erfahren hast, dass die Mauer gefallen ist?

Ich weiß, dass meine Mutter und mein Vater total bewegt und ganz aufgeregt waren. Das hätte ja niemand gedacht, man dachte ja, es würde immer zwei deutsche Staaten geben. Und das ging so schnell in diesem Jahr 1989, die Erwachsenen waren total überrascht und emotional bewegt.

THEMA: LEBEN MIT DER STAATS-SICHERHEIT

Lernarrangement:

Verfasst Briefe an die Staatssicherheit.

1. Schritt: Vorbereitung
   - Teilt die Materialien unter euch/in eurer Klasse entsprechend auf – lasst euch hierbei ggf. von eurem Lehrer helfen.

2. Schritt: Analyse (Einzelarbeit)
   - Wertet eure Quellen im Hinblick auf das Thema aus.
   - Ordnet die Informationen den einzelnen Teilaspekten (Methoden und Wahrnehmung der Staatssicherheit) zu.
   - Notiert eure Ergebnisse.

3. Schritt: Interpretation und Bewertung (Partnerarbeit)
   - Findet euch mit einem Partner zusammen, der dasselbe Material erarbeitet hat.
   - Formuliert gemeinsam einen Brief dieser Person. Stellt diesem Brief wichtige biografische Angaben zu dieser Person voran.

4. Schritt: Präsentation
   - Präsentiert eure Ergebnisse in angemessener Form.
   - Vergleicht die verschiedenen Ergebnisse miteinander.

5. Schritt: Bewertung
   - Überlegt gemeinsam, welche Auswirkungen sich aus der Existenz der Staatssicherheit für das Zusammenleben in der DDR ergeben haben.

Arbeitsanregungen:

1. Benennt Methoden der Staatssicherheit.

2. Beschreibt, wie die Staatssicherheit wahrgenommen wurde.

Marianne Birthler, S. 34 ff.:

Inwiefern hat die Stasi Ihnen das Leben schwer gemacht?

Ich persönlich hatte nicht so viele Nachteile und war durch meine Kinder- und Jugendarbeit in der evangelischen Kirche geschützt. Ich musste also nicht um meinen Beruf fürchten. Freunde von mir, die in anderen Berufen gearbeitet haben – wie Gerd Poppe als Physiker –, haben aus politischen Gründen ihre Berufe verloren. Sie mussten in der Schwimmhalle als Heizer arbeiten oder sonst was. Solche Diskriminierungen gingen keineswegs immer auf das Konto der Staatssicherheit. Nicht nur die Stasi allein hat uns das Leben schwer gemacht. Die Stasi war ein Instrument. Die Macht hatte die SED. Und die hatte auch die Befehlsgewalt über die Staatssicherheit. [...]

Hat die Stasi Dinge über Sie gewusst, die Sie niemals erwartet hätten?

Natürlich. Die größte und unangenehmste Überraschung für mich und viele andere war, zu erfahren, welche unserer Freunde uns verraten haben. Wer über uns Berichte geschrieben hat.

Hat Sie die Arbeit bei der Birthler-Behörde belastet?

Es war anstrengend und ich habe vieles erfahren, was bedrückend war. Ich habe in dieser Zeit mit vielen Menschen gesprochen, denen die SED oder die Stasi übel mitgespielt haben. Ich habe aber auch ein anderes Gefühl erlebt, das klingt jetzt vielleicht seltsam, ist aber eigentlich leicht zu erklären: Wenn man sich überlegt, über wen die Staatssicherheit Berichte geschrieben hat. Es waren überwiegend Personen, die zum interessanteren Teil der Bevölkerung gehörten. Es waren die mutigen Menschen, die widersprochen und sich schon früh gewehrt oder sich unangepasst verhalten haben. Die einen eigenen Kopf hatten, aus ihrer Meinung keinen Hehl machten oder einfach nur bunte Haare hatten oder verbotene Musik hörten. Genau diese Personengruppen waren das Ziel von Beobachtungen der Stasi. Über diese Leute kann man sehr viele Informationen in den Stasiakten finden. Das sind tolle Geschichten. Leider sind sie in der mechanischen, gefühllosen Sprache der Stasi geschrieben. Sichtbar werden die Erinnerungen an diese vielen mutigen und originellen Menschen. Sie wären vergessen worden, wenn wir die Stasiakten nicht hätten.

Günter Jeschonnek, S. 43:

War die Stasi für Sie gegenwärtig?

Bewusst habe ich sie lange Zeit nicht erlebt und hatte keine Angst. Über die Stasi habe ich zum ersten Mal zu Beginn meines Regiestudiums mit 28 in der Szene am Prenzlauer Berg unter Studenten und Künstlern nachgedacht. Wir waren ein kritischer Kreis und hin und wieder kam der Gedanke auf, ob unter uns ein Stasimitarbeiter sein könnte. Als ich mich später politisch engagierte und eine oppositionelle Gruppe von Ausreisewilligen gründete und öffentlich auftrat, war natürlich die Stasi gegenwärtig.

Katja Lange-Müller, S. 50:

Wusste die Stasi etwas über Sie, was Sie nicht für möglich gehalten hätten?

Natürlich, da gab es Überraschungen. Das waren insgesamt zwölf Ordner, seit der Schulzeit.

Wurden die Kaderakten auch von der Stasi verfasst?

Nein. In der Schule kümmerte sich darum die Lehrerschaft und die Direktion. Kam man in die Lehre oder auf eine erweiterte Oberschule, wurde die Akte von der entsprechenden Einrichtung weitergeführt, genau wie beim Eintritt in das Berufsleben. Das ist schon ein bisschen gruselig. Da waren alle Unregelmäßigkeiten, alle Misserfolge wie Sitzenbleiben; Mitglied welcher Partei, wann eingetreten, wann ausgetreten, Disziplinarverfehlungen, wie zum Beispiel Tadel wegen Zuspätkommens oder Schwänzens, eingetragen. Wenn man auf der Arbeit irgendetwas falsch gemacht hatte, stand sofort der Verdacht der Sabotage im Raum. Und wenn man seine Kaderakte gesehen hatte, dann war einem klar, dass man eigentlich die ganze Zeit beobachtet wurde. Einigen war das egal, anderen nicht. Es gab nicht nur das Recht auf Arbeit, sondern auch die Pflicht zur Arbeit. Es gab den sogenannten Bummelanten-Paragrafen für Leute, die versuchten, sich vor der Arbeit zu drücken, insbesondere junge Männer. Es war verboten, nicht zu arbeiten. Während sich heute Langzeitarbeitslose bemühen, wieder in einen Job zu kommen, wäre das in der DDR undenkbar gewesen. Nur Frauen konnten sich für ein paar Jahre ausklinken, wenn sie Kinder hatten und verheiratet waren.

Ines Geipel, S. 62:

Wurden Sie denn damals bevorzugt von, ja, von allen möglichen Leuten, weil Sie eben Leistungssportlerin waren?

Wir waren eine Trainingsgruppe, die immer die neuesten Adidas-Klamotten aus dem Westen bekam oder in Trainingslager im Westen durfte. Das ja, aber ansonsten war das DDR-Leistungssportsystem ein sehr hartes Druckkarussell. Ich hatte zu tun damit, das überhaupt auszuhalten, die tägliche Belastung unter sehr hoher Amplitude zu schaffen. Ich war ziemlich damit beschäftigt, mit meinen Körperschmerzen klarzukommen, und war viel verletzt. Die Muskeln rissen, die Knochenhaut war durch die Tartanbahn oft stark entzündet. Und ich hatte eben auch politisch ziemlichen Druck. Ich hatte die ganze Zeit über Freunde, die in Jena zur Opposition gehörten, und da die Stasi mich auf dem Kieker hatte, wussten die das natürlich. Also gab es unendlich viele Tribunale, wo ich immer irgendwas erklären musste. Das lief immer mehr auf diesen Punkt hinaus: entweder der Sport oder deine Freunde. Und irgendwann – ich hab es nicht sofort gekonnt, aber nach einer gewissen Zeit, weil sich der Druck immer mehr erhöhte – hab ich dann gesagt: „Okay, ich bin draußen, ich stehe zu meinen Freunden." Ich war traurig, klar, der Sport war damit vorbei, und ich hatte als Mitglied des Olympiakades [Olympiakaders; F.L.] ganze zehn Minuten, um vom Sportgelände zu verschwinden, aber ich habe mich innerlich doch auch gut gefühlt, ich war bei mir geblieben. Später habe ich dann in der Akte über mich, in der OPK-Akte, also Operative Personenkontrolle, gelesen, dass das natürlich genau auf diesen Punkt zulaufen sollte. Die Staatssicherheit wollte mich raushaben aus dem Sport und hat die Schraube so eng gedreht, dass man im Grunde, wenn man irgendwie noch sein Gesicht wahren wollte, das nur so lösen konnte. Ich habe in meiner OPK-Akte später herausgefunden, dass der Geheimdienst einen Zersetzungsplan gegen mich aufgelegt hatte. Der hatte verschiedene Stufen. Zum Schluss steht in der Akte, dass sie mich „auf Eis legen" wollten. Es ging um eine fingierte Operation, vordergründig eine Blinddarmoperation. Als ich aufwachte nach der Narkose, war mein Bauch zerschnitten, vom linken zum rechten Beckenrand. Ich war 24 Jahre damals. Und das war natürlich schon eine schwere Attacke.

Olaf Schwarzbach, S. 74 f.:

Sie gerieten ja schon mit 16 ins Visier der Stasi, später wurden Arbeiten von Ihnen beschlagnahmt. Hatten Sie Angst vor der Stasi?

[...] Es ging schon los, als ich 16 war. Im Klassenraum stand ein Fernseher. Im Osten durftest du ja nicht Westen gucken. Immer wenn kein Lehrer drin war, haben wir umgeschaltet. Einmal habe ich auf die „Sesamstraße" umgeschaltet. Das ist ja eigentlich harmlos, aber es war halt ein Westsender. Irgendein Schüler hatte mich beim Direktor denunziert [angezeigt; F. L.]. Das habe ich in meinen Akten gefunden. [...] Hier steht, wann ich genau auf den Westen umgeschaltet habe. Kurz darauf wurde ich während des Unterrichts rausgeholt und von so einem Stasioffizier vernommen. Da war mir schon ein bisschen mulmig. Die Stasi war etwas anderes als die Volkspolizisten. Die waren meistens nicht so helle, die hat man nicht für voll genommen, über die hat man gelacht. Die Stasi war die Geheimpolizei. [...]

„Ach je, was kommt jetzt?", dachte ich. Schnell merkte ich aber, dass der Offizier mich als Denunziant anwerben wollte. Er wollte wissen, mit welchen Freunden ich Umgang hatte. Ich meinte dann, dass ich Einzelgänger sei und gar keine Freunde habe. Als ich ihn etwas später gemeinsam mit einem Freund auf der Straße sah, zeigte ich mit dem Finger auf ihn und war damit nicht mehr vertrauenswürdig. Die Stasi war der schwarze Mann, so ein Buhgespenst, das nie aufgetaucht ist, aber immer da war. Man wusste, dass die Telefone abgehört wurden. Manchmal habe ich auch mit der Stasi gesprochen, weil ich wusste, die ist am anderen Ende. [...]

Später haben sie mit 15 Stasileuten meine Wohnung durchsucht. Das ist auch in der Akte. Sie hatten vorher von meinem Schlüsselloch eine Zeichnung gemacht, damit sie wussten, was für einen Dietrich sie mitbringen mussten. [...]

Da habe ich zum ersten Mal richtig Angst vor der Stasi bekommen. Ich wusste, dass die mich da politisch irgendwie drankriegen können. Ich bin zum Anwalt und er hat mir die Paragrafen vorgelesen. Mir war klar, früher oder später würden sie mich erpressen: „Entweder du arbeitest für uns als Spitzel oder du gehst in den Knast." Deshalb bin ich dann letzten Endes abgehauen.

Andreas Fröhlich, S. 135:

Haben Sie denn damals viel über die DDR mitbekommen, also zum Beispiel über die Stasi?

Einer meiner direkten Verwandten arbeitete bei der Staatssicherheit. Immer wenn wir in die DDR fuhren, durfte er bei den Familientreffen nicht dabei sein, weil er Geheimnisträger war. Einmal in Dresden hatte er an einer Kreuzung auf uns gewartet, um uns beim Überqueren der Straße zum Gruß kurz auf die Kühlerhaube zu klopfen, mehr nicht, er hatte Angst, dass irgendeiner von der Staatssicherheit ihn beobachtet. Auch die Stasimitarbeiter wurden von der Staatssicherheit überwacht.

Ein weiteres Erlebnis mit der Stasi hatte ich durch einen Bekannten. Er war in Ost-Berlin auf einer Party versackt. Man durfte mit einem Tagesvisum immer nur bis 24 Uhr in Ost-Berlin bleiben. Als er am nächsten Tag gegen 13 Uhr wieder nach Hause, nach West-Berlin, ausreisen wollte, wurde er an der Grenze verhört. Er meinte dann, alles sei blöd in West-Berlin, alles Kapitalisten, in Ost-Berlin sei es viel besser. Noch im Verhörzimmer haben die Stasileute meinen Kumpel angeworben, für sie zu arbeiten. Er fand das total klasse. Er dachte: „Wow, jetzt bin ich Agent, ist ja cool." Er sollte als Fensterputzer am Flughafen Tegel arbeiten und Augen und Ohren offen halten. Allerdings nahm er seinen Job nicht sehr ernst. Nach einer Woche wurde er über einen Stasiagenten kontaktiert. Man fragte ihn, warum er denn nicht mehr zur Arbeit erscheint in Tegel. Als er meinte, er hätte keinen Bock auf den Fensterputzerjob, entzog man ihm sofort die Durchreisegenehmigung für die Transitstrecke. Er musste dann immer von West-Berlin mit dem Flugzeug nach Westdeutschland.

THEMA: UNTERSCHIEDE ZWISCHEN OST UND WEST

Lernarrangement:

Visualisiert ein „Mauergespräch“ zwischen Bürgern der DDR und der BRD.

1. Schritt: Vorbereitung
   - Teilt die Materialien unter euch/in eurer Klasse entsprechend auf – lasst euch hierbei ggf. von eurem Lehrer helfen.
2. Schritt: Thema festlegen und gliedern
   - Klärt das Thema eures Mauergespräches und entwickelt hieraus eine Leitfrage für eure weitere Arbeit.
   - Untergliedert das Thema in verschiedene Teilthemen oder Aspekte. Hierfür könnt ihr euch an den Arbeitsanregungen orientieren.
3. Schritt: Ziele und Verfahren festlegen
   - Einigt euch auf ein passendes Dokumentationsmedium zur Präsentation eurer Ergebnisse.
   - Einigt euch auf die äußere Form der Einzelergebnisse. Zum Beispiel könnte jede Person durch ein Foto sowie grundlegende biografische Informationen dargestellt werden und hieran könnten sich die Aussagen der Person anschließen.
4. Schritt: Recherche und Produktion
   - Wertet die Quellen im Hinblick auf eure Leitfrage aus. Beachtet hierbei die biografischen Hintergründe der Personen.
   - Ordnet die Informationen.
   - Fasst die Informationen zu Teilergebnissen für das Mauergespräch zusammen.
5. Schritt: Qualitätsprüfung und Veröffentlichung
   - Überprüft eure Ergebnisse im Hinblick auf eure Leitfrage und korrigiert eventuell aufgetretene Fehler oder vervollständigt ggf. fehlende Aspekte.
   - Präsentiert euer Gesamtergebnis.

Arbeitsanregungen:

1. Markiere als Erstes, in welchem Staat die interviewten Personen gelebt haben.
2. Notiere Merkmale, die Bewohner der DDR „dem Westen“ zuschrieben. Notiere Merkmale, die Bewohner der BRD „dem Osten“ zuschrieben.
3. Erkläre die gegenseitige Wahrnehmung der Bewohner des jeweils anderen deutschen Teilstaates.
4. Notiere Vor-/Nachteile, die an dem jeweils anderen deutschen Teilstaat gesehen wurden. Unterscheide hierbei jeweils zwischen der Perspektive von DDR- und BRD-Bewohnern.

Günter Jeschonnek, S. 42 ff.:

Wie war Ihnen der Westen als junger Mensch bekannt und was wussten Sie über den Westen?

Als 1961 die Mauer gebaut wurde, war ich knapp elf Jahre alt und realisierte durchaus, dass unsere Verwandten nur noch uns besuchen konnten und nicht andersherum. Vor dem Mauerbau war ich von dem bunten Westteil der Stadt und den vielen Angeboten sehr beeindruckt.

Wurde Ihnen in der Schule ein negatives Bild über den Westen vermittelt?

Natürlich. Uns wurde beigebracht, dass es die bösen Kapitalisten sind. Durch meine persönlichen Kontakte in den Westen hatte ich aber mein eigenes Bild. Ich habe nicht ideologisch drüber nachgedacht.

Wegen meiner renitenten [sich jemandem widersetzen; F. L.] Art musste ich schon mit knapp 15 Jahren die Schule verlassen. Meine Eltern schickten mich für drei Jahre aufs Land, um in der Landwirtschaft eine Lehre zu absolvieren. Dadurch rückten Berlin und die Mauer in weite Ferne. Auf dem Dorf am Rande Berlins hörte ich nur noch RIAS [amerikanischer Radiosender mit Sitz in West-Berlin; F. L.] und lernte inmitten der anderen Lehrlinge und den LPG-Bauern eine andere DDR kennen. [...]

[1987 wurde Güter Jeschonnek ausgebürgert; F. L.] Hat sich denn mit dem Mauerfall ein bisschen das Tor zur Heimat wieder geöffnet?

Im ersten Moment war es eine große Freude, aber auch Irritation zugleich. Einerseits war endlich die Mauer gestürzt, andererseits wirkte der Ansturm der DDR-Bevölkerung auf mich, als ob es die ganzen Jahre in der DDR keine Anpassung, Duckmäusertum, Feigheit und Staatstreue gegeben hätte. Plötzlich klebte an fast allen DDR-Autos das „D". Das war wie eine Blendung für mich.

Was haben Sie am Osten vermisst?

In den ersten Jahren bis zum Ende der SED-Diktatur habe ich nur meine Familie und den Freundeskreis vermisst. Später, als ich beim Fernsehen arbeitete, fehlten mir bestimmte menschliche Verhaltensweisen aus dem Osten. Die Ostler, mit denen ich dann wieder beruflich zu tun hatte, waren zuverlässig, gut ausgebildet und in der Regel keine aufgeblasenen Scharlatane, sondern bescheiden. Das war eine neue Erfahrung.

Olaf Schwarzbach, S. 72:

Was hat den Osten für Sie so besonders gemacht, dass Sie nicht in den Westen wollten?

Das war meine Heimat, ich bin da geboren, ich hatte da meine Familie, meine Freunde. Ich wusste auch, dass ich im Westen mehr hätte arbeiten müssen. Ich war eine faule Sau. Im Osten kam man mit ein bisschen Geld gut klar. Ich habe 25,00 Mark Miete bezahlt. Eine S-Bahn-Karte kostete 20 Pfennig, ein Brötchen 5 Pfennig, ein Bier 50 Pfennig. Im Westen hätte ich viel mehr tun müssen, um meine Miete zu bezahlen oder was auch immer.

Also warum sollte ich gehen? Ich habe gutes Geld verdient. Ich hatte eine gute Arbeit als Grafikdrucker gefunden.

Claudia Rusch, S. 82 ff.:

Was bedeutete Ihnen die Bundesrepublik während der DDR?

Ich hatte an der Bundesrepublik überhaupt kein Interesse. Ich wollte nach Frankreich, nach Amerika, in die freie Welt eben. Das war für mich der Westen. Mit der Bundesrepublik hatte das gar nichts zu tun.

Aber als geistiger Türöffner war die Bundesrepublik durch ihre Medien für mich interessant. Ich habe wie die meisten Ostkinder viel Westfernsehen geschaut und nur Westradio gehört. Wir haben Reklameraten gespielt. Bei Robert Havemann im Haus konnte ich jede Woche Westzeitschriften lesen. Dadurch war ich anderen Ostkindern gegenüber im Vorteil. Meine Lieblingszeitschriften als Kind waren der „Sputnik" und der „Stern". Ich erinnere mich noch genau an Bilder von gepiecerten Brustwarzen und lauter anderen Dingen, von denen man sonst nie hörte. Ich wusste, da war noch was, da draußen. Lauter buntes Leben. Als Fenster dahin war Westdeutschland für mich ganz wichtig. [...]

→

Wie haben Sie die Westdeutschen nach dem Mauerfall erlebt?

Wie viele Ossis hatte ich nach der Wende einen Minderwertigkeitskomplex. Ich glaubte, nicht so gebildet zu sein wie die Wessis. Das erledigte sich für mich erst, als ich nach ein paar Jahren merkte, dass meine Freunde aus dem Westen genauso fasziniert waren von dem, was ich wusste und erlebt hatte, wie ich von ihrem Wissen. Sie kannten meine Welt nicht. Damit meine ich nicht nur die Erlebnisse in der DDR, sondern auch die Literatur und Filme. Ich hatte die klassische russische Literatur gelesen, viel russisches, tschechisches und polnisches Kino gesehen. Dazu hatte man in der DDR mehr Zugang als im Westen. Als ich Anfang der 90er-Jahre meine Freundin Charlotte aus Heidelberg während unseres Studiums in Italien kennenlernte, haben wir uns gegenseitig ein ganzes Jahr lang erzählt, was die andere nicht wusste. Das war schön, denn wir konnten uns ergänzen. Wir haben uns für die Welt der jeweils anderen interessiert und es gab keine Vorurteile zwischen uns.

Susan Hoecke, S. 101:

War deine Kindheit im Osten für dich generell sehr anders als die Kindheit im Westen?

Wie gesagt, ich fand es einfach schön, dass alle relativ gleich waren, alle Eltern hatten Arbeit und somit weniger Zukunftsängste. Dadurch gab es weniger Zoff zu Hause, weil irgendjemand arbeitslos war oder in Alkoholismus abgestürzt ist, es gab weniger Kriminalität, es gab keine obdachlosen Menschen. Du konntest dein Kind in den Garten, auf den Hof oder sonst wohin schicken, du musstest dir nicht so viele Sorgen machen. Heute würde ich mein Kind nicht so gerne in Berlin großziehen. Ich war mit sieben, acht Jahren bis abends um sechs draußen auf der Straße unterwegs. Und das würde ich jetzt wahrscheinlich nicht so leicht zulassen. Und vieles, wie zum Beispiel irgendwelche Sport-AGs, war kostenlos. Ins Kino zu gehen, hat 25 Pfennig gekostet. Das war nichts, so etwas wurde vom Staat unterstützt. Alles, was irgendwie Spaß gemacht hat, war halt fast umsonst. Sie wollten ihre Leute glücklich halten. Und das fand ich toll. Ich fand die DDR für meine Kindheit großartig. [...] Und das für mich damals Einzige, was wirklich schade war, war eben, dass wir nicht zu Bekannten in den Westen konnten. Klar, wir hatten keine Orangen oder so. Dafür haben wir Orangen, wenn es sie mal gab, genossen wie den tollsten Kaviar. Das war etwas ganz, ganz Besonderes, was man nie kriegt. Wir haben die Sachen viel mehr wertgeschätzt.

David Wagner, Jochen Schmidt, S. 107 f.:

Was wurde Ihnen denn in der Schule über die DDR gesagt, Herr Wagner?

David Wagner: Es war so, dass die DDR im Politikunterricht das Beispiel für Unfreiheit war. Die DDR war die Negativfolie, die dazu benutzt wurde, die Bundesrepublik in besserem Licht dastehen zu lassen, den Westen mit einer freiheitlichen Grundordnung und freien Wahlen. Man hat versucht, uns zu erklären, wie sich die politischen Systeme unterscheiden. [...] Wir sollten uns erinnern, dass es den Leuten im anderen deutschen Staat viel schlechter ging und wie gut wir es hatten.

Was wurde Ihnen, Herr Schmidt, denn in der Schule über den Westen erzählt?

Jochen Schmidt: Der Westen wurde nur kritisch als falsche, vergangene Gesellschaftsordnung gesehen, die zwar materielle Erfolge haben kann, das aber immer bezahlt mit der grundsätzlichen Aggressivität des Systems. Dass Kriege eine natürliche Folge dieses Kapitalismus sind, sie sogar notwendig sind, weil man damit am meisten Geld verdienen kann. In der „Berliner Zeitung“ gab es eine tägliche Rubrik, „Der gewöhnliche Kapitalismus“. Das war so eine Karikatur, da ging es immer um irgendetwas Schlechtes aus dem Westen. Dafür gab es natürlich auch viele Gründe, es gab ja auch viele schlechte Dinge, die man dann aufnehmen konnte aus den Nachrichten, wie Umweltkatastrophen oder so. So was gab es bei uns zwar auch, da wurde aber eben nicht drüber geredet. Bei uns gab es aber tatsächlich keine Drogen bis auf Alkohol oder ein bisschen was Privates vielleicht. Tablettenmissbrauch gab es sicherlich auch. Aber in dem Sinne wie hier und heute gab es das eben nicht. Das sind dann die Vorteile des repressiven Systems, dass man Kriminalität auch besser unterdrücken kann.

Herr Schmidt, gibt es eine Kindheitserinnerung, die vom geteilten Deutschland geprägt ist?

Jochen Schmidt: [...] Ich hatte mal eine französische Zeitung, „Le Point“, in der Hand. Da war dann mehr als die Hälfte nur Werbung. Das fand ich eine gigantische Papierverschwendung. Bei uns hieß es ja immer Papiersparen wegen der Umwelt, und die drucken da einfach nur Werbung, die Leute da werden doch verarscht. Gleichzeitig habe ich aber gedacht, wenn ich in den Westen gehe, dann ist es wie im Paradies. Dann öffnen sich mir alle Möglichkeiten. Das mit dem Westen war immer so zweischneidig.

Und bei Ihnen, Herr Wagner?

David Wagner: Da liegt ein großer Unterschied vor: DDR-Kinder sahen den Westen im Fernsehen. Jochen und ich kannten das gleiche Fernsehprogramm, weil wir gleich alt sind, und erinnern uns an dieselben Sendungen. Nur ich im Westen habe nie etwas aus dem Osten gesehen, abgesehen von tschechoslowakischen Kinderserien, wie zum Beispiel Pan Tau. In West-Berlin hätte man Fernsehsendungen aus dem Osten gehabt. In Bonn am Rhein gab es das nicht.

Als ich mit zehn oder elf in West-Berlin bei einer Tante war, stieß ich beim Durchschalten aufs Ostfernsehen. Erst habe ich gar nicht kapiert, was das ist, und habe mich gefragt, wo das denn herkommt. Ich wunderte mich, wie die redeten. Es dauerte, bis ich verstand, dass das ja DDR-Fernsehen war.

Jochen Schmidt: Wir selber im Osten fanden auch, dass die im Fernsehen seltsam geredet haben. Die haben ja absolut unnatürlich geredet, in den Nachrichten zum Beispiel.

David Wagner: War es also als Inszenierung auch für den DDR-Bürger erkennbar?

Jochen Schmidt: Nicht so sehr Inszenierung, sondern so eine gewisse gequälte Steifheit, die auch daher kam, dass ja niemand wirklich frei sprechen konnte. Die mussten ja immer Angst haben. In einer Unterhaltungssendung durfte man ja keinen falschen Spruch machen. Eine Talkshow im Westfernsehen zu sehen, war wirklich ein Erlebnis. Dass die da alle normal miteinander geredet haben und dann war vielleicht auch noch ein Politiker dabei.

Sten Nadolny, S. 117:

Was für Unterschiede gab es zwischen der DDR und der Bundesrepublik?

Was mir als Erstes einfällt, in der DDR konnte man ungeheuer sorglos leben, man brauchte sich um den Arbeitsplatz keine Sorgen machen, man musste keine Preise in den Geschäften vergleichen, weil alles gleich kostete, die Grundversorgung jedenfalls. Man konnte sorglos leben, wenn man den Mund nicht aufmachte, wenn man aber irgendetwas sagte gegen den Staat zum Beispiel oder gegen irgendwelche Missstände, dann machte man sich verdächtig. Man musste aufpassen, was man sagte und zu wem man es sagte. Alle versuchten, möglichst unauffällig zu sein und das, was sie dachten, nicht zu sagen. Das spürte man, wenn man als Westdeutscher rüberfuhr. Es gibt viele Kleinigkeiten, wo man sagen könnte, das war besser, zum Beispiel Kinderbetreuung, kostenlose Krankenversorgung. Es gab zwar genügend Geld, um einkaufen zu gehen, aber das Angebot war mickrig.

Hanna Schygulla, S. 124:

War die DDR während Ihres Germanistikstudiums ein Thema?

Ja, sie war Thema, weil für uns Kommunismus ein Thema war. Ich wusste schon, dass unter dem Kommunismus nicht alles so rosig ist. Aber wir waren eigentlich alle gegen den Kapitalismus eingestellt und wollten eine bessere Verteilung des Volksreichtums auf alle. Allerdings war die DDR nicht unbedingt das Land der Sehnsucht, weil es so einen Drillcharakter hatte, und es kam mir wie ein Gefängnis vor.

Sie haben ja in klassischen Literaturverfilmungen wie „Effi Briest“ (Regie: Rainer Werner Fassbinder) von Fontane mitgespielt. Wissen

Sie, ob diese Klassiker in der DDR anders interpretiert wurden?

Ja, ich habe die Fassung mit Angelica Domröse gesehen. In der DDR-Fassung hatte man mehr herausgestellt, wie sich da ein junger Mensch mutig, wenn auch vergeblich, gegen das Bürgerliche auflehnt. Der Fassbinder hat mehr betont, wie uns, bevor wir es noch merken können, von der Gesellschaft schon falsche Werte eingeimpft werden. Effi Briest heiratet eigentlich den Mann, den ihre Mutter schon wollte, und zwar heiratet sie ihn, weil er eine so gute Partie ist, weil er schon jemand ist, weil er jemanden darstellt.

Andreas Fröhlich, Oliver Rohrbeck, S. 134 f.:

Sie waren ja beide West-Berliner. Wie haben Sie als Kind über die DDR, über Ost-Berlin gedacht?

Oliver Rohrbeck: Mir kam das immer komisch vor, dass die da nicht rausdürfen. Das ist ja das größte Gut, was man hat, die Freiheit. Wir sind jedes Jahr nach Warnemünde über die Transitstrecke, um von dort mit der Fähre nach Dänemark zu Verwandten zu fahren. Bei der Ein- und Ausreise wurden wir immer komplett durchsucht. Von der Fähre aus habe ich die Leute am Strand winken gesehen und ich konnte gar nicht kapieren, wieso die da nicht wegkonnten. Ich sagte zu meinem Vater, dass sie doch jetzt einfach losschwimmen und hier an Bord springen könnten, ich würde ein Seil runterlassen. Grenzpatrouillen und Schiffe hätten das Schiff sofort angehalten, wenn da jemand illegal an Bord gegangen wäre.

Mein Onkel aus Dänemark erzählte mir, wie 1963 die Ostsee im Winter komplett zugefroren war. Morgens um fünf Uhr klopfte es an der Tür. Drei Flüchtlinge waren 30 Kilometer über das Eis gelaufen. Sie wurden am nächsten Tag von der dänischen Polizei abgeholt, konnten dann aber mit einem Visum nach Westdeutschland ausreisen.

Hatten Sie Verwandte oder Freunde im Osten?

[...]

Andreas Fröhlich: Ich hatte direkte Verwandte, meine Halbgeschwister in Dresden. Im Zuge der Reiseerleichterungen für Westbürger in die DDR konnte ich sie schon 1972 besuchen, da war ich sieben Jahre alt. Sonst bekam man immer nur ein Transitvisum, um von West-Berlin durch die DDR zu fahren. Einmal, das weiß ich noch, wurde mir an der Grenze mein Asterixheft weggenommen. Das fand ich schrecklich. Dresden war für mich eine völlig andere Welt. Es gab keine Reklame. Die Straßen, die Autos, die Leute, alles sah ein bisschen grau aus. Aber die Leute waren so herzlich. Wir haben denen Kaffee, Kugelschreiber, Nylonstrümpfe und Schokolade mitgebracht. Es hieß immer, sie hätten nichts. Wenn wir aber da ankamen, wurde unglaublich aufgefahren – die beste Wurst, Fleisch, Kuchen und literweise Limonade.

Oliver Rohrbeck: Wir haben immer zu Weihnachten Pakete mit Orangen, Kaffee, Spielsachen wie Matchboxautos in den Osten geschickt. Zeitschriften gingen nicht, denn wenn an der Grenze diese Pakete geöffnet wurden und da war eine „Brigitte" oder irgendwas mit Westartikeln drin, dann wurde das geklaut, also musste man Sachen nehmen, die dann nicht geklaut werden.

Pierre Baigorry, S. 148 ff.:

Was war der Unterschied zwischen den West- und den Ostsachen?

Ich war oft dort und ich fand es auf jeden Fall komisch, anders als in West-Berlin so ein bisschen grau-braun. Ganz Ost-Berlin hat durch die ganzen Trabbis mit ihren Zweitaktmotoren nach so einem speziellen Benzin und auch nach Braunkohle gerochen, weil alle mit den alten Kachelöfen heizten. Es gab nicht diese große Auswahl wie bei uns. Sie hatten kein Snickers, kein Adidas, kein Nike – ganz andere Klamotten.

→

Kannten Sie Fernsehsendungen oder Spielzeug aus dem Osten, wie das Ostsandmännchen?

Das Ostsandmännchen war besser als das Westsandmännchen. Das Fürst-Pückler-Eis, Erdbeer-Vanille-Schoko in einer Waffel oder die Schokoknusperflocken (Zetti-Knusperflocken) waren toll. Ich konnte mit den Freunden im Osten sehr gut spielen. Die Kinder hatten sich mit den wenigen Sachen mehr ausgedacht. Wenn man jemanden besuchen wollte, musste man halt vorbeifahren, da die meisten kein Telefon hatten. Der Verzicht auf bestimmte Sachen hatte seine guten Seiten. Man hat sich mehr Zeit genommen für die Dinge. Wir haben zum Beispiel tagelang mit Matchboxautos gespielt, das hat total Spaß gemacht. [...]

Haben Sie selber etwas Schlechtes von der DDR erlebt?

Ich merkte, dass man bestimmte Sachen nicht so laut sagen konnte. Die Leute haben zwar über die Regierung gemeckert, aber niemals in der Öffentlichkeit.

Sind Sie ab einem bestimmten Alter auch alleine in den Osten gegangen?

Kurz vor der Wende, mit 17, bin ich öfter mit einem Kumpel rübergefahren und wir haben Fotopapier gekauft, weil das total billig war in Ost-Berlin. Da waren wir manchmal in Treptow in einer Kneipe, wo sie Livemusik gespielt haben.

Felix Görmann, S. 161:

Was hatten Sie für ein Bild von der anderen Seite?

Als ich die ersten Male nach Ost-Berlin oder zur Ostsee gefahren bin, hatte ich immer das Gefühl, als ob etwas nicht fertig wäre, von einer unfertigen Welt, wo man eigentlich noch was machen müsste. Man müsste es mal streichen, mal aufräumen, man müsste es mal weiterbauen, also es wirkte sehr provisorisch auf mich. Manchmal dachte ich aber auch: „Naja, vielleicht hätte der Sozialismus klappen können, wenn man sich mehr angestrengt hätte." Was allerdings eine totale Anmaßung den Leuten aus der DDR gegenüber ist. Mit 16, 17 habe ich mich eher den Punks zugeordnet, war also eher links und fand Gleichberechtigung und Sozialismus gut. Ich hatte aber so einen Fantasiesozialismus im Kopf. Ich hatte keine Ahnung, wie realer Sozialismus aussieht.

Friederike Kempter, S. 164 ff.:

Welchen Bezug hattest du zur DDR?

Ich war 1989, als die Mauer fiel, zehn Jahre alt. Ich komme aus dem Südwesten Deutschlands, aus der Nähe von Stuttgart, und für mich war die DDR wirklich ein ganz seltsames Land.

Ich kannte das nur von Bekannten meiner Eltern, die haben Pakete in den Osten geschickt mit Sachen, die es dort nicht gab, wie Kaffee und Schokolade. Ich stellte mir vor, dass es den Leuten da nicht so gut ging, wenn man denen Pakete schicken musste.

Als ich nach dem Mauerfall zum ersten Mal da war, waren die Häuser nicht verputzt wie bei uns im Westen, sondern es war alles grau. Es stank, weil die noch viel mit Kohle geheizt haben. Es war ein fremdes Land.

Hat sich dein Leben denn dadurch geändert, dass die Mauer gefallen ist?

Nee, ich war ja weit weg, da hat sich nicht so viel geändert. Mit zehn Jahren ist es einem erst mal nicht so wichtig, ob es jetzt mehr Bundesländer gibt. Für die Erwachsenen war das aber ein riesengroßes Ereignis.

Lustig für mich war im November/Dezember 1989, dass auf einmal alles voller Trabbis war, weil die alle Ausflüge in den Westen machten. Solche Autos hatte ich zuvor noch nie gesehen. Die stanken total und waren so laut, sahen dabei aber auch richtig niedlich aus.

Ich hatte in meiner Klasse ein Mädchen aus der DDR, die sächsisch gesprochen hatte. Das war komisch und wir haben sie am Anfang auch deswegen geärgert. [...]

→

Würdest du denn sagen, dass die DDR die weniger schöne Hälfte Deutschlands war?

Auf den ersten Blick bestimmt. Den Menschen ging es im Westen besser, was materielle Dinge anging. Aber die Leute, die im Osten groß geworden sind, sagen häufig, dass sie anderes hatten, was gut war. Dadurch, dass es nicht so um Konsum ging und nicht darum, wer das Neueste anzieht oder wer den schicksten Fernseher hat, konnte man sich auf anderes konzentrieren. Sie haben viel miteinander gemacht.

Für mich wäre das Gefühl, eingesperrt zu sein, schlimm gewesen. Man durfte ja nur in bestimmte Länder reisen. Ich glaube, wir haben uns immer als freier empfunden, obwohl wir natürlich auch Zwängen unterworfen waren, wer hat die teuersten Turnschuhe in der Schule? Das ist ja auch etwas, was nicht frei macht. Ich bin froh, dass es eine Wiedervereinigung gab, ich glaube auch, dass die DDR ein Unrechtsstaat war, aber ich glaube trotzdem, dass es in der DDR Aspekte gab, die auch gut waren. Umgekehrt gab es auch Dinge an der Bundesrepublik, die überhaupt nicht gut waren.

Taten dir die Leute im Osten leid?

Ja, weil man denen Schokolade und Gummibärchen schicken musste, da habe ich als Kind schon gedacht: „Oh Gott, die Armen da drüben.“ Ich glaube aber nicht, dass sie sich selbst als arm empfunden haben.

THEMA: STRAFVERFOLGUNG UND GEFÄNGNISSE DER DDR

Lernarrangement:

Hinterlasst eine Gefängnisnotiz.

1. Schritt: Analyse
   - Wertet die Quellen im Hinblick auf das Thema aus.
   - Strukturiert die Informationen. Orientiert euch hierbei an den Aufgabenstellungen aus den Arbeitsanregungen.
   - Besprecht in Kleingruppen passende Visualisierungsformen für die Gefängnisnotiz.
   - Überlegt gemeinsam, welche Notizen/Informationen für spätere Insassen von Relevanz sein könnten.
   - Erstellt eure Gefängnisnotiz für spätere Insassen.

2. Schritt: Veröffentlichung
   - Überprüft eure Ergebnisse im Hinblick auf das Thema und korrigiert eventuell aufgetretene Fehler oder vervollständigt ggf. fehlende Aspekte.
   - Präsentiert euer Gesamtergebnis.

Arbeitsanregungen:

1. Beschreibe, wie die Insassen die Gefängnisse der DDR wahrnahmen.

2. Erkläre, wie die Gefängnisse das Bild der Insassen von der DDR als Staat beeinflussten.

Rainer Eppelmann, S. 12:

Was haben Sie in der Zeit im Gefängnis gemacht?

Die Bibel gelesen. Das hätte ich sonst wahrscheinlich nicht gemacht. Das war Mitte der 60er-Jahre, da war ich 22 Jahre alt. Ansonsten hatte ich als Bausoldat, also als Waffendienstverweigerer in der DDR, gesagt: Ich nehme keine Waffe in die Hand und ich verspreche euch auch nicht, dass ich alles mache, was ihr sagt oder was ihr mir befehlt. Deswegen habe ich dann auch als Strafe Knast im Knast gekriegt. Als ich acht Monate später wieder rauskam, war ich erwachsen. Ich hatte weniger Angst vor ihnen als vor der Haftstrafe.

Klaus Kordon, S. 22 ff.:

Ihr Protagonist im Buch „Krokodil im Nacken" beschreibt, dass die Stasi hohen psychischen Druck auf die Insassen ausübte, zum Beispiel durch die Atmosphäre im Gefängnis. Haben Sie das genauso wahrgenommen? Inwiefern haben Sie versucht, sich dagegen zu wehren?

Ja, das ist ganz schwierig mit dem Wehren. Als ich die erste Vernehmung hatte, war ich bereit auszusagen. Ich hatte mit dem Staat gebrochen. Ich hatte nichts zu verbergen und ich wollte offen sagen, weshalb ich wegwollte. Aber ich dachte, ich muss einen Rechtsanwalt um Rat fragen. Der Stasivernehmer hat mich ausgelacht und gesagt: „Sie haben wohl zu viele amerikanische Filme gesehen. Bei uns wird erst gestanden und dann dürfen Sie einen Rechtsanwalt sehen." Ich verweigerte die Aussage. Daraufhin brachten sie mich zurück in meine Einzelzelle und meinten: „Bitte schön, wenn Sie zur Vernunft gekommen sind, dann können wir ja wieder reden", und ließen mich dort schmoren. Du hast keine Chance, dich in einem solchen System zu wehren. Du darfst weder einen Rechtsanwalt sprechen, Besuch empfangen noch Zeitung oder ein Buch lesen. Du bist da in deiner Zelle eingesperrt und kannst sonst nichts machen, außer in deinem Kopf immer wieder alles rattern lassen: „Wie verhalte ich mich jetzt?" Dieser psychische Druck ist unendlich groß. Man kann mit keinem Menschen sprechen, immer nur Selbstgespräche im Kopf führen. Wenn man nach langer Zeit wieder vernommen wird, plappert man einfach drauflos und redet sich um Kopf und Kragen. Was mir zum Glück aber nicht passiert ist, da ich diese Taktik durchschaute.

Wenn Sie heute noch mal zurückgehen könnten, würden Sie die Aussage immer noch verweigern?

Heute würde ich von Anfang an wissen, dass es keinen Zweck hat. Aber damals konnte ich es ja nicht wissen. Ich war damals noch ein junger Mann – noch nicht mal 30 Jahre alt – und war so empört.

Sie sagen oft in Interviews, dass Sie die Zeit in Gefangenschaft nur überlebt haben, weil Sie sich Romane ausgedacht haben. Wie war denn generell Ihre Gefühlslage? Im Gefängnis sein und dann auch noch zu Unrecht? Und später, als Sie freigekauft wurden?

Die Zeit im Stasigefängnis war natürlich eine ganz schreckliche Zeit. Ich war fünf Monate in Einzelhaft. Später hat man dann Zeitungen bekommen oder Bücher, die hat man manchmal dreimal gelesen, weil man ja nicht immer darüber grübeln wollte, wie es jetzt weitergeht. Ihr müsst euch vorstellen, meine Frau saß auch im Gefängnis, irgendwo in einer anderen Zelle, und meine Kinder waren im Kinderheim. Davon wusste ich.

„Wie geht es den Kindern?" Dieser Gedanke war für mich der schlimmste. Wir sind eine heile Familie gewesen, und plötzlich war alles auseinandergerissen. Die Kinder kommen in ein Heim und wissen gar nicht, was los ist. Ihnen wird suggeriert: Eure Eltern haben etwas Böses getan! Nachdem ich im Gefängnis war, wusste ich es noch deutlicher, warum ich wegwollte aus der DDR. Da wurde mir klar: Die DDR ist ein Unrechtsstaat. Wenn man heute mit Leuten spricht, die aus der DDR stammen, verteidigen einige ihren ehemaligen Staat. Ich denke immer: „Naja, wenn sie das erlebt hätten, was ich erlebt habe, würden sie das nicht tun."

Wie alt waren Ihre Kinder, als Sie dann in Haft kamen?

Sechs und neun und als wir wieder zusammen waren, da waren sie dann acht und elf. Meine Frau und ich waren nur ein Jahr in Haft, aber die DDR hat die Kinder nicht gleich mitausreisen lassen. Sie haben sie noch ein Jahr länger im Heim festgehalten, um die Weggegangenen ein bisschen zu schikanieren. Die DDR hat sich verhalten wie ein Ehepartner, von dem man sich scheiden lässt und der dem Weggegangenen danach alles Böse will oder alles Schlechte wünscht. Die verschmähte Liebe zu ihrem Staat, das haben sie nicht so gut verkraftet.

Hatten Sie überhaupt noch Hoffnung, als Sie in Gefangenschaft waren? Wussten Sie, dass die Bundesrepublik Sie freikaufen würde?

Am Anfang nicht. In späteren Jahren haben alle Deutschen gewusst, dass es solche Freikaufgeschäfte gab. Zu meiner Zeit, 1972, war das noch ein Staatsgeheimnis. Mein Glück war, dass ich im Gefängnis einen Journalisten kennenlernte. Er schrieb für die „Junge Welt", eine staatstreue Zeitung für junge Leute in der DDR. Dieser Journalist war mit einer West-Berliner Redakteurin von der „Bild-Zeitung" verlobt. Da er selber einen Fluchtversuch hinter sich hatte, wusste er von der Frau, was er tun musste, wenn dieser scheiterte: Versuchen, freigekauft zu werden. Er kannte den Namen des Rechtsanwalts, der die Freikäufe machte: Wolfgang Vogel. Später wurde dieser Mann sehr bekannt. Ich konnte zunächst nicht glauben, dass der westdeutsche Staat Geld für DDR-Gefangene zahlte, damit sie entlassen wurden. Später dachte ich, das passt zur DDR. Für Menschen, die ohnehin verloren sind, weil sie politisch nicht auf der gewünschten Linie sind, noch Geld zu kassieren. Als ich dann wieder zur Vernehmung gerufen wurde, sagte mir mein Vernehmer: „Sie haben jetzt einen Rechtsanwalt. Er heißt Dr. Wolfgang Vogel." Danach kam ich in den Strafvollzug. Fast alle Häftlinge, die fliehen wollten, wurden von Wolfgang Vogel vertreten. Wir nannten uns Ornithologen, Vogelkundler, weil wir rätselten, wann Vogel uns endlich in den Westen bringen würde.

THEMA: KUNST, KULTUR UND LITERATUR IM GETEILTEN DEUTSCHLAND

Lernarrangement:

Erstellt eine Collage zum Thema „Kunst, Kultur und Literatur im geteilten Deutschland“.

1. Schritt: Vorbereitung
   - Teilt die Materialien unter euch/in eurer Klasse entsprechend auf – lasst euch hierbei ggf. von eurem Lehrer helfen.

2. Schritt: Thema festlegen und gliedern
   - Klärt das Thema eurer Collage und entwickelt hieraus eine Leitfrage für eure weitere Arbeit.
   - Untergliedert das Thema in verschiedene Teilthemen oder Aspekte. Hierfür könnt ihr euch an der Aufgabenstellung orientieren.

3. Schritt: Ziele und Verfahren festlegen
   - Einigt euch auf ein passendes Dokumentationsmedium zur Präsentation eurer Ergebnisse.
   - Einigt euch auf die äußere Form der Einzelergebnisse.

4. Schritt: Recherche und Produktion
   - Wertet die Quellen im Hinblick auf eure Leitfrage aus.
   - Ordnet die Informationen.
   - Erstellt eure Teilergebnisse und bündelt diese für die Collage.

5. Schritt: Qualitätsprüfung und Veröffentlichung
   - Überprüft eure Ergebnisse im Hinblick auf eure Leitfrage und korrigiert eventuell aufgetretene Fehler oder vervollständigt ggf. fehlende Aspekte.
   - Präsentiert euer Gesamtergebnis.

Arbeitsanregungen:

1. Erkläre die Bedeutung, die der Kunst und Kultur in der DDR zukam.

2. Beschreibe die Unterschiede zwischen Kunst und Kultur in der BRD und der DDR.

Klaus Kordon, S. 20:

Sie haben ja die DDR verlassen. Wann haben Sie den endgültigen Entschluss dazu gefasst?

[...] Es gibt so viele, die sind dageblieben und haben sich angepasst und die Schnauze gehalten. Jeder hat für sich einen Weg finden müssen, in diesem Staat leben zu können, ohne die individuelle Freiheit. Wenn man aber schreiben will, dann geht das nicht. Man kann nicht nur für die Schublade schreiben, was nie jemand lesen darf. Jeder Autor, der was schreibt, will gelesen werden.

Günter Jeschonnek, S. 44:

Stichwort Kulturpolitik in der DDR: Was war gut?

Für mich persönlich war gut, dass ich Regie studieren konnte und durfte. Das war ein Glücksfall. Zwar eine harte Schule, aber ich lernte viel und konnte kluge Menschen kennenlernen. In der DDR gab es ein reges Kulturleben, das leider ideologisch bestimmt war. Insgesamt ging es den Künstlern aber gut. Stipendien wurden vergeben. Die Bilder von Künstlern wurden vom Staat gekauft und Verlage haben sich um ihre Autoren gekümmert. Von den materiellen Rahmenbedingungen war es positiv. Wer sich mit der SED arrangierte oder sogar deren Politik vertrat, hatte nichts auszustehen.

Es gab in der DDR immer wieder Projekte, die zensiert wurden, das heißt, jahrelange Arbeit verschwand einfach in den Schubladen der Stasi. Waren Sie oder jemand aus Ihrem Freundeskreis betroffen?

Diejenigen, die sich in ihren Werken kritisch äußerten oder von den ästhetischen Normen der SED abwichen, wurden behindert. Es gab bei den Künstlern viele Berufsverbote. [...] Die meisten wählten die Ausreise in den Westen. Spätestens hier begann das „Ausbluten" der DDR. Der ideologische Missbrauch, der durch die Regierung betrieben wurde, war schrecklich. Auch ich wurde in meiner künstlerischen Arbeit behindert. Im Nachhinein habe ich erfahren, dass einer meiner Regieassistenten für die Stasi gearbeitet hat und Inoffizieller Mitarbeiter (IM) war. Er hat viele Dinge, die auf den Proben gesagt wurden, an die Stasi weitergeleitet. Ich persönlich konnte aber relativ frei arbeiten. Bis zu meinen ersten Inszenierungsverboten 1985.

Olaf Schwarzbach, S. 72:

Ich habe gehört, dass Ihre Arbeiten in der DDR vernichtet wurden?

Meine Arbeiten? Meine Comics? Ja, ach, na ja, die habe ich ja eher aus Spaß gemacht, wir haben Comicausstellungen organisiert, aber nicht wegen der Comics, sondern als Anlass, Partys zu feiern.

Ich habe für mich Comics gezeichnet, von denen mir aber klar war, dass ich die nie veröffentlichen werde, weil da Volkspolizisten drauf waren, die herumgeprügelt haben, war alles nichts, was irgendjemand in der DDR gedruckt hätte. Nach so einer Ausstellung gab es eine Hausdurchsuchung durch die Staatssicherheit. Die haben einiges mitgenommen. Daraufhin habe ich dann viele Originalzeichnungen vernichtet.

Hanna Schygulla, S. 124:

Sie haben ja in klassischen Literaturverfilmungen wie „Effi Briest" (Regie: Rainer Werner Fassbinder) von Fontane mitgespielt. Wissen Sie, ob diese Klassiker in der DDR anders interpretiert wurden?

Ja, ich habe die Fassung mit Angelica Domröse gesehen. In der DDR-Fassung hatte man mehr herausgestellt, wie sich da ein junger Mensch mutig, wenn auch vergeblich, gegen das Bürgerliche auflehnt. Der Fassbinder hat mehr betont, wie uns, bevor wir es noch merken können, von der Gesellschaft schon falsche Werte eingeimpft werden. Effi Briest heiratet eigentlich den Mann, den ihre Mutter schon wollte, und zwar heiratet sie ihn, weil er eine so gute Partie ist, weil er schon jemand ist, weil er jemanden darstellt.

Friederike Kempter, S. 166:

Vor allem in Berlin gibt es einige DDR-geprägte Theater, gerade du als Schauspielerin, spürst du das heute noch?

Ja, total. Ich spiele jetzt gerade am Theater am Kurfürstendamm in einem Stück, das heißt „Eine Familie“ von Tracy Letts. Die Schauspielerin, die unsere Mutter spielt, Usch Karusseit ist leider erkrankt. Sie war eine große DDR-Schauspielerin damals. Sie hat so einen bestimmten sehr lässigen Ton beim Sprechen. Theater hatte im Osten eine fast größere Bedeutung als im Westen. In einem Regime, in dem Leute unterdrückt werden, da bekommt die Kunst mehr Gewicht, weil man Sachen verdeckt anspricht, was die Leute beschäftigt, was man vielleicht so auf der Straße nicht sagen oder in die Zeitung nicht schreiben kann. Deswegen hätte ich das DDR-Theater gerne erlebt.

THEMA: DAS ENDE DER DDR – 25 JAHRE DANACH

Lernarrangement:

„DDR und Wiedervereinigung – Woran sollten wir uns erinnern?“: Texte für eine Zeitkapsel schreiben.

1. Schritt: Vorbereitung
   - Teilt die Materialien unter euch/in eurer Klasse entsprechend auf – lasst euch hierbei ggf. von eurem Lehrer helfen.
2. Schritt: Thema festlegen und gliedern
   - Klärt das Thema und entwickelt hieraus eine Leitfrage für eure weitere Arbeit.
   - Untergliedert das Thema in verschiedene Teilthemen oder Aspekte. Hierfür könnt ihr euch an der Aufgabenstellung orientieren.
3. Schritt: Ziele und Verfahren festlegen
   - Einigt euch auf ein passendes Dokumentationsmedium zur Sicherung eurer Ergebnisse.
   - Einigt euch auf die äußere Form der Einzelergebnisse.
4. Schritt: Recherche und Produktion
   - Wertet die Quellen im Hinblick auf eure Leitfrage aus.
   - Ordnet die Informationen.
   - Erstellt eure Teilergebnisse und bündelt diese.
5. Schritt: Qualitätsprüfung und Veröffentlichung
   - Überprüft eure Ergebnisse im Hinblick auf eure Leitfrage und korrigiert eventuell aufgetretene Fehler oder vervollständigt ggf. fehlende Aspekte.
   - Präsentiert euer Gesamtergebnis.

Arbeitsanregungen:

1. Erkläre, wie die Interviewten das Leben in der DDR im Nachhinein beurteilen.

2. Erkläre, wie die Interviewten die deutsche Wiedervereinigung im Nachhinein beurteilen.

3. Am Tag des Mauerfalls soll der ehemalige Bundeskanzler Willy Brandt auch im Hinblick auf eine mögliche deutsche Wiedervereinigung gesagt haben: „Jetzt wächst zusammen, was zusammengehört.“ Bewerte diese Aussage unter Berücksichtigung der Aussagen der Interviewpartner.

Rainer Eppelmann, S. 17:

Hat sich für Sie das Leben in der Bundesrepublik in Bezug auf Ihre Hoffnung auf einen besseren und gerechteren Staat verwirklicht?

Na, nicht völlig. Aber ich habe mich wie die meisten DDR-Bürger nach einem Leben gesehnt, wie es die Menschen in der alten Bundesrepublik leben konnten. Nachdem wir selber dazu gekommen sind, überraschend und erfreulich unblutig, haben wir festgestellt, dass nicht jeder Tag bloß Brause trinken und Schokolade essen bedeutet und dass man nicht machen konnte, was man wollte. Das Leben ist heute viel schnelllebiger, man muss in kürzerer Zeit sehr viel mehr leisten. Das Leben in der DDR war grauer, einfacher, manchmal bequemer. Aber trotzdem bin ich zutiefst überzeugt davon, kaum jemand wünscht sich die DDR, wie sie vor 1989 war, wieder zurück.

Olaf Schwarzbach, S. 77:

Welche Seiten der DDR vermissen Sie heute?

Dadurch dass in der DDR fast alle gleich waren, also die Karrieren und Bezahlungen für einen Großteil der Bevölkerung waren relativ gleich, gab es so eine Solidarität, mehr so ein Gemeinschaftsgefühl, es war mehr Empathie da. Heutzutage ist das alles so ein Kampf gegeneinander. Der Begriff Ellenbogengesellschaft ist zwar abgelutscht, aber es ist so. Ich bin froh, dass ich beide Systeme bei vollem Bewusstsein erlebt habe.

Claudia Rusch, S. 87:

Wie haben Sie die Westdeutschen nach dem Mauerfall erlebt?

Wie viele Ossis hatte ich nach der Wende einen Minderwertigkeitskomplex. Ich glaubte, nicht so gebildet zu sein wie die Wessis. Das erledigte sich für mich erst, als ich nach ein paar Jahren merkte, dass meine Freunde aus dem Westen genauso fasziniert waren von dem, was ich wusste und erlebt hatte, wie ich von ihrem Wissen. Sie kannten meine Welt nicht. Damit meine ich nicht nur die Erlebnisse in der DDR, sondern auch die Literatur und Filme. Ich hatte die klassische russische Literatur gelesen, viel russisches, tschechisches und polnisches Kino gesehen. Dazu hatte man in der DDR mehr Zugang als im Westen. […]

Hat sich heute Ihre Sichtweise auf die DDR verändert?

Nein, kein bisschen. Im Gegenteil. Normalerweise hat man ja die Tendenz, Dinge zu verharmlosen. Mein Blick auf die DDR aber war nie positiv, auch wenn mein Blick auf mein Leben immer sehr positiv war. Das Problem ist, dass viele die schönen Erinnerungen an ihre Kindheit und Jugend untrennbar von der Staatsform, in der man sie verbracht hatte, betrachten. Sie fühlen sich herabgesetzt, wenn man die DDR einen Unrechtsstaat nennt. Dabei hat das eine mit dem anderen nur wenig zu tun. Wir lebten ja einen ganz normalen Alltag wie jeder andere auch. Das sagt aber nichts über die DDR aus. Je mehr man sich mit ihr beschäftigt, desto schlimmer wird es eigentlich. Hinter der DDR-Nostalgie steckt oft einfach das Bedürfnis, sich sein eigenes Leben schönzureden. Jeder möchte schließlich gerne Held in der eigenen Geschichte sein.

Kai Lüftner, S. 95:

Bei deinen vielen Berufen bist du sicherlich einigen Menschen begegnet, die aus der ehemaligen DDR kommen. Sprecht ihr über diese Zeit?

Momentan gibt es ein Revival und die Leute fangen an, sich für die Vergangenheit in der DDR zu interessieren. Es ist mittlerweile genug Zeit vergangen. Aber so vor zehn, 15 Jahren konnte man irgendwie noch nicht darüber sprechen, ohne als Nostalgiker zu gelten. Die Jugendlichen von heute reden nicht mehr von Ost- und West-Berlin, sondern von Wedding und Marzahn. Tja, wohl doch zusammengewachsen, die Stadt. Mein Netzwerk besteht aus ganz unterschiedlichen Leuten. Dem Studiotechniker, dem Illustrator, dem Fotografen, dem Türsteher, dem Bauhelfer, dem Kampfsportlehrer und dem Pizzafahrer. Viele von ihnen kenne ich eine gefühlte Ewigkeit. Einige sind im Laufe der Jahre dazugekommen. Wir sprechen auch über unsere Vergangenheit im Osten und was das Leben dort mit uns gemacht hat. Viele meiner Freunde sind ein bisschen „ostig". Ich meine damit Menschen, die sagen, ich verzichte auf 1.500 Euro im Monat mehr, dafür mache ich aber genau das, worauf ich Lust habe. Das ist mein Empfinden von Freiheit und ich glaube, darin sind meine 15 Jahre Osten enthalten. Verheiratet bin ich heute aber mit einer Westfrau aus Berlin-Steglitz. Schon deshalb bin ich froh über die Wiedervereinigung.

Susan Hoecke, S. 103:

Siehst du noch Unterschiede zwischen Ost- und Westdeutschland?

Ich habe das Gefühl, ich komme mit Ossis irgendwie besser klar. Wir haben so eine Verbundenheit. Sie sind direkter und authentischer für mich. Ich spüre das manchmal schon, so nach dem Motto: „Hey, du bist doch auch Ossi, oder?" – „Ja klar bin ich auch Ossi." Gerade bei Berlinern hört man den Ostdialekt so ein bisschen, da kann man den Ossi und den Wessi noch unterscheiden. Das Tolle am Osten war, dass wir die Dinge ganz anders wertgeschätzt haben. Dass nichts selbstverständlich war. Dass man zehn Jahre auf ein Auto warten musste und dann aber auch damit glücklich war, dieses Auto fahren zu dürfen, oder in eine Orange zu beißen und man nicht darüber nachdachte, so, das hab ich, was kommt als Nächstes ...? Wir lebten irgendwie mehr im Moment.

Ein weiterer Unterschied ist, dass der Ossi ein besserer Teamplayer ist. Kein Egomane, dem es nur um schaffen, schaffen, schaffen und noch höher, noch weiter geht. Das gab es ja nicht. Du konntest dich im Osten auch relativ schwer hocharbeiten. Die Ossis sind nicht so getrieben von diesem Ehrgeiz, etwas Besonderes sein zu müssen. Sie geben sich mit dem zufrieden, was sie haben, und genießen es. Das ist, glaube ich, ein großer Unterschied.

Hanna Schygulla, S. 127:

Finden Sie, dass es heute noch Unterschiede zwischen Ost und West gibt, ist die deutsch-deutsche Vergangenheit noch präsent?

Ja, man spürt es in Berlin an der Bauweise. Ich habe mich mal am Prenzlauer Berg umgesehen, ob ich mich dort niederlassen wollte, und dann habe ich aber gemerkt, sobald die Schönhauser aufhört, spürt man schon noch sehr viel diese Plattenbaustimmung der DDR, diese triste Monotonie in der Bauweise.

Ich finde es aber gut, dass es immer weniger von diesem „Ossi-Wessi-Denken" gibt, sondern dass da ein Austausch stattfindet.

Wir sind ja so verwöhnt im Westen gewesen und dadurch auch träge geworden und eingeschlafen. Wir im Westen dachten, wir hätten den anderen etwas voraus, und inzwischen hat sich herausgestellt, dass wir von denen viel zu lernen haben, dass die wach waren und keine Anstrengungen scheuten, so wie eben in Ländern, wo es nicht alles einfach zu kaufen gibt. Die haben sich vieles dazuerfinden müssen, das muss wohl eine gute Wirkung auf das Kreative, auf das Schöpferische gehabt haben. Heute stehen sie an der Spitze der Kulturlandschaft [...]. Also diese Leidenschaft, mit der sie an Reizthemen dranbleiben, die sie aufgewühlt haben. [...]

Es ist ja auch nicht umsonst so, dass viele, die aus der DDR kamen, die Führung im Kulturleben übernommen haben. Die waren sehr gut ausgebildet und waren sehr motiviert, sehr hungrig, während wir im Westen schon an einem Punkt waren, an dem wir gesagt haben, dass man ja sowieso alles hat und machen kann, was man will. Wir waren gesättigt und es gab keinen besonderen Antrieb mehr.

Felix Görmann, S. 161:

In dem Comic sagt Ulrich, dass heute West- und Ost-Berlin nicht mehr von der Nase zu unterscheiden ist, was sagen Sie dazu?

Das finde ich auch. Es gibt noch ein paar Orte, gerade Gebäude, die noch nicht saniert sind, das Altlinoleum dort riecht tatsächlich „ostig", so wird es mir zumindest gesagt. Ich war ja zu DDR-Zeiten nie in der DDR, deswegen kann ich das selber nicht beschreiben, kann mir aber was darunter vorstellen, wenn Leute sagen: „Riech mal hier, so roch das früher überall." Die Gerüche haben sich aber immer mehr angeglichen, die Wasch- und Putzmittel sind nicht mehr anders.

Lösungen zum Thema „Alltagsleben in der DDR“

	Klaus Kordon	Marianne Birthler	Günter Jeschonnek	Katja Lange-Müller	Ines Geipel	Olaf Schwarzbach
Merkmale, die das Alltagsleben in der DDR beschreiben	• Starke Politisierung des gesamten Alltags (auch der Kinder) • Schon kleine Kinder wurden auf Politik vorbereitet. • Schlechte Zeiten, aber die Menschen haben (verständlicherweise) zusammengehalten • Unrechtsstaat	• Geringe Chancen auf Reformen → Demokratisierung wird als unrealistisch empfunden.	• Man darf nicht alles sagen/öffentlich machen • Es gab zwei Meinungen, die offizielle und die nicht offizielle. • Man lebt in einem Zwiespalt.	• Wenn man etwas verbrochen hatte, musste man öffentlich „Selbstkritik“ üben.	• Wer zu viel nachfragt macht sich verdächtig/wird zum Problem. • DDR lebte abgeschottet von „der anderen Welt“ (hier: Kontakt zwischen Sportlern anderer Länder).	• Alltagsleben bestand aus Zwängen, alle mussten mitmachen (hier: Jugendorganisation). • Wer nicht mitmachte, geriet unter Druck. • Es gab keine freie Meinungsäußerung.
Vorteile, die ein Leben in der DDR scheinbar gehabt hat	• Förderung der Frauen • Kinderbetreuung		• Die Menschen definierten sich nicht so sehr über Äußerlichkeiten (Status und Geld). • Es gab keine großen ökonomischen Unterschiede innerhalb der Gesellschaft. • Mieten und Lebensunterhaltskosten waren sehr gering. • Alle verfügten in etwa über dieselben finanziellen Mittel.	• Wer sich angepasst verhielt, konnte gut leben.	• Angepasste waren gut versorgt.	• DDR war (zufällig) auch Heimat. • Ermöglichte Leben mit der Familie • Wer faul war, hatte ein gutes Leben. • Man kam mit wenig Geld gut klar. • Im Westen hätte man mehr arbeiten müssen.
Nachteile, die ein Leben in der DDR scheinbar gehabt hat	• Unrechtsstaat • Starke Politisierung des gesamten Alltags • Förderung/Betreuung erfolgte nur aus politischen Motiven heraus.	• Politischer Stillstand	• Man fühlte sich eingesperrt. • Man konnte (nach dem Mauerbau) Familie und Freunde in West-Berlin nicht mehr besuchen. • Politische Beschränkungen (umfassende Dominanz der SED) • Andere Meinungen machten einen zum Störenfried oder Staatsfeind. • Das Individuelle spielte kaum eine Rolle.	• Wer nicht ins Bild passte ,wurde ausgegrenzt (hier: Verweis von der Schule und keine Möglichkeit mehr zur Erlangung des Abiturs). • Kaderakte begleitete einen ein Leben lang.	• Unangepasste wurden unter Druck gesetzt. • Repräsentanten (hier: Sportler) mussten unbedingt gute Leistungen bringen und standen gleichzeitig unter besonderem politischen Druck. • Wer diese Leistung nicht angemessen erreicht, wird zum Rücktritt gezwungen. • Versorgungsdiktatur erschwerte Widerstand.	• Alle mussten zur Armee. • War Maßnahme der Regierung, „die Leute von innen zu disziplinieren“ • Wer den Dienst verweigerte, musste ins Gefängnis. • Entweder man arrangierte sich mit der DDR oder man musste fliehen. • Flucht bedeutete, dass man seine Familie nicht mehr sehen konnte.

	Klaus Kordon	Marianne Birthler	Günter Jeschonnek	Katja Lange-Müller	Ines Geipel	Olaf Schwarzbach
Erklärung für die unterschiedliche Bewertung des Lebens in der DDR	• Erlebte Haftmaßnahmen der DDR	• Tätigkeit in der Oppositionsbewegung der DDR und gestaltete anschließend den Transformationsprozess politisch aktiv mit • Tätigkeit als „Bundesbeauftragte für die Unterlagen des Staatssicherheitsdienstes“	• Nach erfolglosem Fluchtversuch (1973) wurde er 1987 zwangsausgewiesen. • Tätigkeit in der Oppositionsbewegung	• Verließ 1984 die DDR	• War Leistungssportlerin der DDR, die in „Ungnade“ fiel • Floh 1989 aus der DDR	• Gestaltet Cartoons

	Claudia Rusch	Kai Lüftner	Susan Hoecke	David Wagner, Jochen Schmidt	Sten Nadolny
Merkmale, die das Alltagsleben in der DDR beschreiben	• Freunde und Verwandte wurden von der Staatssicherheit überwacht. • Angst vor möglicher Verhaftung der Eltern durch die Staatssicherheit	• Anderssein führte zur Ausgrenzung.	• Es gab eine gute und umfassende Betreuung für Kinder / Jugendliche. • Politik spielte im Alltag eine untergeordnete Rolle.	Wagner: • Eingesperrt sein Schmidt: • Normales Leben ohne große Einschränkungen	• Leute (hier: Medien und vermutlich Politik) lügen die Bürger nur an.
Vorteile, die ein Leben in der DDR scheinbar gehabt hat	• Leben in der Opposition bedeutete zwar Unsicherheiten, ermöglichte aber „große innere Freiheit“.	• Es gab Gleichgesinnte, die nicht in das Bild der DDR passten.	• Kindergarten und Schule (Hort) boten gute Betreuung mit Freizeitaktivitäten. • Neuankömmlinge wurden freundlich aufgenommen (hier: durch Aufführen eines Theaterstücks). • Die Menschen waren relativ gleich. • Alle hatten Arbeit. • Es gab wenig Zukunftsängste, Streit, Alkoholismus, Kriminalität. • Das Leben / Aufwachsen war wohlbehütet. • Freizeitaktivitäten waren günstig. • Mangel (hier: Orangen) wird nicht als Mangel wahrgenommen, sondern war dann etwas Besonderes.		

	Claudia Rusch	Kai Lüftner	Susan Hoecke	David Wagner, Jochen Schmidt	Sten Nadolny
Nachteile, die ein Leben in der DDR scheinbar gehabt hat	• Angst vor möglichen Verhaftungen • Zwänge durch Fahnenappelle und militärische Strukturen, mangelnde Freiheit, nicht erfülltes Fernweh • Mangel an alternativem Lebensstil	• Anderssein führte zur Ausgrenzung.	• Man konnte Verwandte nur selten besuchen.	Schmidt: • Wer „falsche" Frisur hatte, wurde unter Druck gesetzt. Wagner: • Wer jugendlichen „Quatsch" machte, musste damit rechnen, von der Schule zu fliegen, oder Schlimmeres.	• Keine freie Berichterstattung
Erklärung für die unterschiedliche Bewertung des Lebens in der DDR	• Familiäre Nähe zur Oppositionsbewegung	• Möchte nicht Teil des Mainstreams sein	• 1981 geboren • War somit beim Mauerfall / Ende der DDR noch sehr jung • Erlebte somit die politischen Hintergründe nur wenig • Verstand / sah diese vielleicht noch nicht? • War von Unterdrückung / Druck nicht in gleichem Maße betroffen	• Schmidt, geboren 1970 in Ost-Berlin hatte „normales" Leben in der DDR und empfand keinen direkten politischen Druck (hat ihn in der Schule aber doch erlebt und nimmt diesen scheinbar als „normal" hin). • Wagner, geboren in Westdeutschland erfuhr die DDR durch Erzählungen / Medien und nimmt die Berliner Mauer somit als hart wahr.	• Geboren 1942, erlebte somit die Anfangsjahre der DDR • Somit vielleicht stärker durch die anfängliche Propaganda der Gründungsphase (negativ) beeinflusst

Lösungen zum Thema „Flucht aus der DDR"

	Klaus Kordon	Günter Jeschonnek	Ines Geipel	Olaf Schwarzbach	Claudia Rusch
Ursachen für die Flucht aus der DDR	Bau der Berliner Mauer: • Nahm einen Teil der Stadt Berlin • Führte zu Unfreiheit • Man fühlte sich eingesperrt • Geringe Möglichkeiten als Schriftsteller • Ohne Parteizugehörigkeit gab es nur geringe Entwicklungsmöglichkeiten.	• Um den Wehrdienst nicht leisten zu müssen	• Geringe Berufsperspektive (aufgrund der zunehmend oppositionellen Haltung) • Wunsch, DDR-Leben aktiv zu verlassen	• Im Westen könne man die Welt sehen.	• DDR als Feind erlebt, da sie einen auch als Feind behandelte • Hass gegen die DDR
Ablauf der Flucht aus der DDR	• Urlaubsreise nach Bulgarien als Vorwand • Hier westdeutsche Pässe besorgen • Anschließend Flucht über Türkei nach Westdeutschland • Versuch missglückte. • Drei Jahre Haft • Nach einem Jahr vom Westen freigekauft	• Route über die österreichisch-ungarische Grenze → Getarnte Urlaubsreise • Wurden an DDR-Grenze aufgegriffen • Zwei Tage Haft	• Idee der Flucht im Rahmen der Olympischen Spiele in Los Angeles • Mit dem Zug von Dresden nach Budapest • Hier „leiteten die Augen" der Ungarn und wiesen den Weg. • Anschließend durch die „grüne Grenze" gekrochen	• Von Ungarn aus über einen Fluss nach Österreich geschwommen	
Leben nach der Flucht aus der DDR				• Neues Leben war ein Befreiungsschlag. • Aber: Man hatte alles zurückgelassen (Freundin, Familie), das man nicht wiedersehen konnte. • Reise nach Italien • In München das erste Mal weißen Schnee gesehen und klare Luft geatmet	

Lösungen zum Thema „Bau der Berliner Mauer"

	Rainer Eppelmann	Klaus Kordon	Sten Nadolny	Felix Görmann
Gefühle, die der Bau der Berliner Mauer auslöste		• Die Hälfte seiner Stadt (Berlin) wurde ihm „gestohlen". • Damit entstand ein Gefühl der Unfreiheit.	• Wurde als furchterregend und staunenswert empfunden • Ähnlich einer Naturkatastrophe • Diese Gefühle zerstreuten sich bald, da die Mauer lange Zeit einfach da war. • „Irgendwann staunte kein Mensch mehr." • Später Dankbarkeit (ermöglichte es, mit Touristen Geld zu verdienen)	• Keine • „Als Kind hat die Mauer für mich nicht existiert."
Reaktionen auf den Bau der Berliner Mauer			• Ermöglichte, ausländische Touristen zur Mauer zu fahren	• keine
Folgen, die mit dem Bau der Berliner Mauer verbunden waren	• Nahm ihm die Möglichkeit, weiterhin aufs Gymnasium zu gehen und sein Abitur zu machen (da er auf ein West-Berliner Gymnasium ging). • Kein Kontakt mehr zu den Mitschülern möglich • Kein Kontakt mehr zum Vater (er arbeitete in West-Berlin und hatte einen West-Berliner Pass, wurde aber nicht mehr nach Ost-Berlin gelassen)	• Führte zum Entschluss, die DDR zu verlassen	• Neue Verdienstmöglichkeiten	• Keine • Sie war einfach da, hatte aber keine Bedeutung.

Lösungen zum Thema „Fall der Berliner Mauer“

	Klaus Kordon	Marianne Birthler	Günter Jeschonnek	Katja Lange-Müller	Claudia Rusch
Wie wurde der Fall der Berliner Mauer erlebt und welche Gefühle waren damit verbunden?	• Wurde eher spontan durch die Medien wahrgenommen	• Ereignis kam absolut überraschend.	• Große Freude, aber auch Irritation	• Bei einer Veranstaltung in Bochum • Plötzlich war niemand mehr da (nur noch drei alte Frauen) und auch im Szenelokal war niemand. • Anschließend Informationen über die Medien • Am nächsten Tag der Versuch, nach Berlin zu kommen	• Besonderes Ereignis • Bananensaft dieses Abends schmeckte nie wieder so gut.
Welche Bedeutung wurde dem Ereignis zugeschrieben?	• War große Befreiung • Große individuelle Bedeutung bleibt. • Mauer bleibt unvergessen.	• War Befreiung • Endlich konnte man frei reisen.	• Ablehnung gegenüber vielen Feiernden • Es entstand der Eindruck, „als ob es die ganzen Jahre in der DDR keine Anpassung, Duckmäusertum, Feigheit und Staatstreue gegeben hätt.“	• Keine (sie war ja schon im Westen)	• Kam nicht überraschend • War ein Ereignis in einer längeren Ereigniskette • Wurde als bedeutender historischer Augenblick empfunden
Hoffnungen, die mit dem Fall der Berliner Mauer verbunden wurden		• Endlich frei sein			
Befürchtungen, die mit dem Fall der Berliner Mauer verbunden wurden	• Euphorie war schnell dahin. • Gemecker der Westdeutschen, die Ostdeutschen würden alle Bananen wegkaufen • Angst der Ostdeutschen, die Westdeutschen würden sie mit Westgeld dominieren			• Klingen indirekt an („ihr werdet euch wundern“)	• Angst vor einem wiedervereinten Deutschland, welches rassistisch werden könnte

	Kai Lüftner	Susan Hoecke	David Wagner, Jochen Schmidt	Sten Nadolny	Hanna Schygulla
Wie wurde der Fall der Berliner Mauer erlebt und welche Gefühle waren damit verbunden?	• Entwurzelung	• Informationen durch die Nachbarn, die aber nicht eingeordnet werden konnten • Die Mutter hingegen empfand dies als Befreiung. • Im Westen sein war „wie plötzlich im Dschungel zu stehen“.	• Gewisser Neid für die Veränderungen, die in der DDR geschahen (Wagner)	• War für eine Buchvorstellung in Istanbul • Erfuhr davon durch die Medien • Wurde von einem Türken beglückwünscht	• Informationen durch die Medien • Es stellten sich die Haare auf (positiv gemeint).
Welche Bedeutung wurde dem Ereignis zugeschrieben?	• Erwachsene waren komplett entwurzelt. • Als Jugendlicher wusste man plötzlich nicht mehr, was richtig und was falsch war. • Alles, was bis dahin einen Wert hatte, verlor diesen.	• Keine besondere • Die Menschen blieben dieselben.	• Eigentlich interessierten ihn (Wagner) andere Dinge, vor allem Musik. • Duckte sich eher weg (Schmidt) und merkte Veränderungen nicht (wollte sie nicht merken?)	• Große Bedeutung, die er in Istanbul verpasste	• Großes historisches Ereignis • Große Befreiung
Hoffnungen, die mit dem Fall der Berliner Mauer verbunden wurden		• Keine, eher Gleichgültigkeit	• „Dass das alles an einem vorbeigeht“ (Schmidt)		• Viel hat sich verändert: Frau aus dem Osten (A. Merkel) ist heute Bundeskanzlerin.
Befürchtungen, die mit dem Fall der Berliner Mauer verbunden wurden	• Völlige Unsicherheit	• Ende der sozialen Gleichheit?	• Angst vor Veränderungen? (Schmidt)	• Überall liefen Ostdeutsche herum. • Man erkannte sie schnell an ihrer Kleidung und ihrem Verhalten. • Euphorie könnte schnell enden. • Obwohl man eher links stand, sprach man gut vom Kapitalismus.	

	Andreas Fröhlich, Oliver Rohrbeck	Pierre Baigorry	Felix Görmann	Friederike Kempter
Wie wurde der Fall der Berliner Mauer erlebt und welche Gefühle waren damit verbunden?	• Informationen durch einen Freund (Fröhlich); am folgenden Tag konnte man den Grenzübergang jedoch erneut nicht passieren. • Informationen duch die Trabbischlangen, die an einem vorbeifuhren (Rohrbeck)	• Informationen über die Schule • Anschließend Fahrt mit dem Politiklehrer zur Mauer • Skurril, wie schnell die Mauer abgebaut wurde	• Keinerlei Erinnerung an den Mauerfall • Erst als ein Schulfreund ein Stück der Mauer mitbrachte, wurde darüber bewusst gesprochen.	• Nicht direkt • Eher im Nachhinein über die Trabbis (lustig, niedlich, stinkend, laut) • Man machte sich über den komischen Dialekt einer sächsischen Schülerin lustig.
Welche Bedeutung wurde dem Ereignis zugeschrieben?	• Kein Gefühl der Befreiung, da er sich als West-Berliner nicht eingesperrt fühlte (Fröhlich) • Anerkennung für den friedlichen Ablauf	• Für die meisten Menschen war es „eine super Sache“.	• Keine	• Keine • „Mit zehn Jahren ist es erst mal nicht so wichtig, ob es jetzt mehr Bundesländer gibt.“ • Für die Erwachsenen war es jedoch ein „riesengroßes Ereignis“.
Hoffnungen, die mit dem Fall der Berliner Mauer verbunden wurden				
Befürchtungen, die mit dem Fall der Berliner Mauer verbunden wurden	• Angst vor Jobverlust • Ostdeutsche wurden als Deutsche zweiter Klasse wahrgenommen.			

Lösungen zum Thema „Leben mit der Staatssicherheit“

	Marianne Birthler	Günter Jeschonnek	Katja Lange-Müller	Ines Geipel	Olaf Schwarzbach	Andreas Fröhlich
Methoden der Staatssicherheit	• Sorgen für Verlust des Arbeitsplatzes • Anwerben von Spitzeln (teils aus dem eigenen Freundeskreis) • Überwachung von unangepassten Personen / Menschen, die widersprochen haben, die „einen eigenen Kopf hatten“ oder „aus ihrer Meinung keinen Hehl machten“ oder bunte Haare trugen oder verbotene Musik hörten	• Bespitzelung	• Legte unzählige Ordner seit der Schulzeit an (hier: zwölf) • In der Kaderakte wurden über alle „Misserfolge“ (Sitzenbleiben, Tadel, Zuspätkommen, Schwänzen, Mitgliedschaft in einer Partei etc.) seit der Schulzeit Notizen geführt, die von Staatssicherheit auch genutzt werden konnte.	• Regelmäßige Tribunale, auf denen man sich (seine Position) erklären muss • Druck erzeugen, um bestimmtes Ziel zu erreichen (hier: Beendigung des aktiven Sports) • Fingierte Operationen	• Überwachung durch Klassenkameraden • Verhöre • Anwerben als Mitarbeiter der Staatssicherheit • Abhören von Telefonen • Wohnungsdurchsuchungen	• Überwachung der eigenen Mitarbeiter • Anwerben von West-Berliner Bürgern
Wahrnehmung der Staatssicherheit	• Instrument zur Machtsicherung der SED	• In einem „kritischen Kreis“ vermutete man Überwachung. • In oppostionellen Gruppen war sie gegenwärtig.	• Man stand unter permanenter Beobachtung.	• War allgegenwärtig • Erzeugte hohen Druck	• „Die Stasi war der schwarze Mann, so ein Buhgespenst, das nie aufgetaucht ist, aber immer da war.“	• Möglichkeit des „Agenten-Spielens“

Lösungen zum Thema „Unterschiede zwischen Ost und West“

	Günter Jeschonnek (DDR, 1987 ausgebürgert)	Olaf Schwarzbach (DDR)	Claudia Rusch (DDR)	Susan Hoecke (DDR)
Funktion des Westens für DDR-Bürger	• „Böse Kapitalisten“ • Stilisierung als Feindbild	• Ablehnung • Glorifizierung der Heimat	• Westen waren Frankreich, Amerika, nicht die BRD. • BRD war jedoch „geistiger Türöffner“. • Das „Fenster dahinter“	• Erzeugt Unsicherheit, Zukunftsängste
Funktion des Ostens für BRD-Bürger				
Gegenseitige Wahrnehmung des jeweils anderen Teilstaates	• „Bunter Teil der Stadt“ • Viele Angebote	• Im Westen müsse man mehr arbeiten, im Osten könne man faul sein und müsse sich nicht anstrengen.	• Osten eher eng • Westen bedeutete Freiheit, Offenheit und „lauter buntes Leben“.	• DDR bot Sicherheit, Behaglichkeit und Besonnenheit. • BRD erzeugt Ängste.
Vorteile des anderen deutschen Teilstaates			• Freiheit, Offenheit • Freie Berichterstattung • Vielfalt der Ausdrucksformen	
Nachteile des anderen deutschen Teilstaates	• Menschen waren eher Aufschneider.	• Ist nicht Heimat • Abwesenheit von Freunden und Familie • Faulsein wird nicht geduldet.	• Erzeugte Minderwertigkeitskomplex • Gefühl, nicht so gebildet zu sein	

	David Wagner (BRD), Jochen Schmidt (DDR)	Sten Nadolny (DDR)	Hanna Schygulla (BRD)	Andreas Fröhlich, Oliver Rohrbeck (West-Berlin)
Funktion des Westens für DDR-Bürger	Schmidt: • Aggressives System, das für alles Schlechte verantwortlich ist	• Symbol der Freiheit, aber auch Unsicherheit		
Funktion des Ostens für BRD-Bürger	Wagner: • Beispiel für Unfreiheit • Ließ BRD in besserem Licht dastehen		• Kommunismus wurde nicht grundsätzlich abgelehnt. • Aber die konkrete Umsetzung in der DDR wurde nicht befürwortet.	• Man konnte helfen.
Gegenseitige Wahrnehmung des jeweils anderen Teilstaates	• Westen verschwendet Ressourcen (Schmidt). • Osten belügt seine eigenen Bürger.	• Kümmert sich weniger um seine eigenen Bürger, lässt diese alleine	• Andere Werte, die in den Vordergrund rückten (BRD: Einfluss der Gesellschaft, DDR: Auflehnung gegen das Bürgerliche)	• Menschen waren eingesperrt. • Mangelndes Verständnis dafür, dass sich die Menschen nicht wehrten

	David Wagner (BRD), Jochen Schmidt (DDR)	**Sten Nadolny (DDR)**	**Hanna Schygulla (BRD)**	**Andreas Fröhlich, Oliver Rohrbeck (West-Berlin)**
Vorteile des anderen deutschen Teilstaates	• Eröffnet unzählige Möglichkeiten (Westen)	• Man konnte offen reden.	• Kommunismus	• Die Menschen waren „so herzlich“.
Nachteile des anderen deutschen Teilstaates	• Verschwendet Ressourcen (Westen)	• Man muss sich viel mehr um sich selbst kümmern (Preise vergleichen, Arbeitslosigkeit).	• Reale Umsetzung des Kommunismus	

	Pierre Baigorry (West-Berlin)	**Felix Görmann (BRD)**	**Friederike Kempter (BRD)**
Funktion des Westens für DDR-Bürger			
Funktion des Ostens für BRD-Bürger	• Günstig an bestimmte Waren gelangen	• Persönliche Abgrenzung gegenüber Kapitalismus • „Fantasiesozialismus“	• Helfen müssen • Sich selbst besser fühlen (die anderen waren komisch, niedlich, es stank, es war grau)
Gegenseitige Wahrnehmung des jeweils anderen Teilstaates	• Alles war „grau-braun“. • Irgendwie „komisch“	• Als ob etwas nicht richtig fertig wäre • Eine „unfertige Welt“ • Alles wirkte provisorisch. • „Man müsste es mal streichen, mal aufräumen, man müsste es mal weiterbauen“. • Vielleicht hätte man sich mehr anstrengen müssen, damit der Sozialismus funktioniert.	• „Ein ganz seltsames Land“ • „Ein fremdes Land“
Vorteile des anderen deutschen Teilstaates	• Mangel erzeugte Kreativität und Bescheidenheit. • Bestimmte Waren waren günstiger (hier: Fotopapier).	• Es war Versuch des Sozialismus und der Gleichberechtigung.	• Bescheidenheit • Fokussierung auf das Wichtige
Nachteile des anderen deutschen Teilstaates	• Man durfte nicht alles offen äußern. • „Gemeckert“ haben alle, „aber niemals in der Öffentlichkeit“.	• Reale Umsetzung des Sozialismus war nicht gut.	• Eingesperrt sein • Leben mit (in) Zwängen

Lösungen zum Thema „Strafverfolgung und Gefängnisse der DDR“

	Rainer Eppelmann	Klaus Kordon
Wahrnehmung der DDR-Gefängnisse	• „Knast im Knast“	• Rechtlosigkeit • Gefühl, ausgeliefert zu sein • Man kann sich nicht wehren. • „Der psychische Druck ist unendlich groß“. • Man ist allein. • Empörung
Einflüsse der DDR-Gefängnisse auf das DDR-Bild	• Stärkere Distanzierung zum System • Man hatte danach weniger Angst.	• Steigerung des Gefühls der Ungerechtigkeit • Klarer Entschluss zur Flucht • Klare Ablehnung der DDR • Jedes Verhalten passte nun ins „DDR-Bild“ (kassierte Geld für Gefangene aus der BRD). • Zunehmende Solidarisierung mit anderen Systemgegnern • Mangelndes Verständnis für DDR-Befürworter

Lösungen zum Thema „Kunst, Kultur und Literatur im geteilten Deutschland“

	Klaus Kordon	Günter Jeschonnek	Olaf Schwarzbach	Hanna Schygulla	Friederike Kempter
Bedeutung, die der Kunst, Kultur und Literatur in der DDR zukam	• Ort, in dem man sich ausleben konnte • Man musste aber damit rechnen, dass die Ergebnisse nicht veröffentlicht wurden.	• Es gab ein reges Kulturleben. • Viele kluge Köpfe, mit denen man sich austauschen konnte • Den Künstlern ging es mehrheitlich gut (viele Stipendien, Bilder wurden teils vom Staat gekauft, Verlage haben sich gut um die Autoren gekümmert).	• Kultur (hier: Comics) war Teil der Freizeitbeschäftigung. • Wurden aber trotzdem vom Staat reglementiert	• Darstellung politischer Ideale	• Sachen konnten (nur) verdeckt angesprochen werden.
Unterschiede zwischen der Kunst und Kultur in der BRD und DDR	• Bestimmte Literatur war in der DDR nicht zulässig.	• In der DDR musste man mit der Linie der Partei übereinstimmen, damit es einem materiell gut ging und man die Vorzüge erhielt. • Einige erhielten Berufsverbote. • Diese gingen mehrheitlich in den Westen. • Führt zu einem Ausbluten der DDR	• Man musste in der DDR damit rechnen, dass bestimmte Kultur nicht veröffentlicht wurde. • Man kam schnell in Kontakt mit der Staatssicherheit.	• In DDR-Kultur (hier: Aufführung von „Effi Briest“) wird anderer Fokus gelegt (hier: Auflehnung gegen das Bürgerliche). • In der BRD-Fassung stand eher die frühe Vermittlung „falscher Werte“ im Vordergrund.	• Kultur in DDR war tiefgründiger, reflektierter, politischer.

Lösungen zum Thema „Das Ende der DDR – 25 Jahre danach"

	Rainer Eppelmann	Olaf Schwarzbach	Claudia Rusch	Kai Lüftner
Wie beurteilen die Interviewten im Nachhinein das Leben in der DDR?	• Das Leben war „grauer, einfacher, manchmal bequemer".	• Alle waren relativ gleich. • Es gab eine Solidarität, ein größeres Gemeinschaftsgefühl.	• Wahrnehmung der DDR hat sich nicht geändert. • Diese bleibt negativ. • Aber: Manche Menschen trennen nicht zwischen Erinnerungen der eigenen Kindheit und Jugend und der Staatsform und verharmlosen somit das System.	
Wie beurteilen die Interviewten im Nachhinein die deutsche Wiedervereinigung?	• Nicht alle Träume / Hoffnungen wurden erfüllt.	• Leben heute ist eher ein „Kampf gegeneinander"	• Manche fühlen sich ungerecht behandelt / entwurzelt? • Wurden nicht richtig aufgenommen?	
Wie bewerten die Interviewten die Aussage „Jetzt wächst zusammen, was zusammengehört" im Nachhinein?	• Kaum jemand wünscht sich DDR zurück.		• Beide Seiten konnten voneinander profitieren, sich gegenseitig austauschen und bereichern.	• Es ist genug Zeit vergangen, „darüber zu sprechen". • Man ist zusammengewachsen. • Manchen Menschen merkt man jedoch an, dass sie „ostig" sind.

	Susan Hoecke	Hanna Schygulla	Felix Görmann
Wie beurteilen die Interviewten im Nachhinein das Leben in der DDR?	• Man lebte mehr im Moment und war mit weniger zufrieden.	• Ostdeutsche waren nicht so „gesättigt" und verfügen über eine hohe Kreativität und Kompetenz.	
Wie beurteilen die Interviewten im Nachhinein die deutsche Wiedervereinigung?		• War anfänglich von Unwissenheit und Arroganz (des Westens) geprägt	
Wie bewerten die Interviewten die Aussage „Jetzt wächst zusammen, was zusammengehört" im Nachhinein?	• Mit „Ossis" komme sie besser klar. • Man habe so eine Art Verbundenheit und merke, wer aus dem Osten kommt. • Ostdeutsche seien nicht solche „Egomanen" und mehr Teamplayer.	• Noch heute spürte man in Ost-Berlin eine „triste Monotonie". • Aber: Ost-West-Denken nehme ab und es finde ein zunehmender Austausch statt.	• Die Unterschiede nehmen immer weiter ab. • Aber: Noch immer rieche es in einigen Gebäuden „ostig".